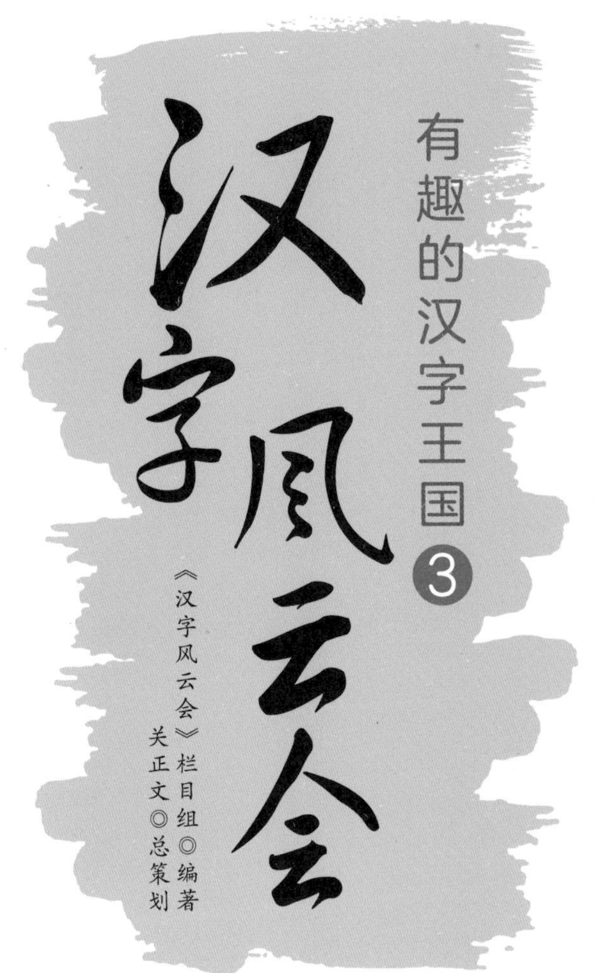

汉字风云会

有趣的汉字王国 3

《汉字风云会》栏目组◎编著
关正文◎总策划

咪咕阅读

海峡出版发行集团
THE STRAITS PUBLISHING & DISTRIBUTING GROUP
福建教育出版社

本书顾问

（按姓氏笔画顺序）

王　瑾
杭州师范大学小学语文教学法研究所副所长

刘丹青
中国社会科学院语言研究所所长

刘祥柏
中国社会科学院语言研究所教授

李山川
汉字科普学者

杨无锐
天津师范大学教授、文学博士

张一清
教育部语言文字应用研究所研究员

林志强
福建师范大学文学院副院长、汉语言文字学博士点、硕士点学科带头人

程　荣
中国社会科学院语言研究所研究员、《新华字典》第 11 版修订主持人

韩田鹿
河北大学文学院教授、硕士生导师

鲁大东
中国美术学院书法博士

蒙　曼
中央民族大学历史系副教授、硕士生导师

廖文豪
文化嘉宾

谭景春
中国社会科学院语言研究所词典编辑室主任

编委名单

丛 书 主 编

沈小玲

丛书副主编

平　颖

分 册 主 编

项声菊

分册副主编

刘小茹　刘碎英

分 册 编 委

张　沁　李　节　童慧洁　张文锦

孙佳静　汪慧丽　姚嘉庆　徐　瑛

思维的密码　微观的世界

所有买了这本书的家长都是非常有眼光的家长，所有在看这本书的小朋友都是非常棒的孩子。因为对每一个中国人而言，汉字都是生命成长的根。这是个坏消息，也是个好消息。

坏消息是汉字太难写了。好多老外，学了好多年汉语，中国话说得跟中国人似的听不出多大破绽，一到写汉字就露了馅儿。可见写汉字有多难。所有中国孩子都要把学习阶段的相当一部分精力用到学写汉字上，这个过程有点枯燥，有点漫长。但好消息是所有的中国人都因此成了超人，因为我们掌握了一种由人类发明的、复杂的交流工具。

除了汉字，别的文字都只能表示说话的声音，汉字却是在表达词语的意思。人类的祖先在发明不同文字的时候，有很多都是从画画开始的，但是别人都嫌麻烦，后来都改用表音体系了，只有汉字传到了今天。每个字都有自己的历史，每个字都包含着一个思维的密码，每个字都是一个微观的世界。这很了不起。所以学习汉字，比学习其他语言的文字有更多的乐趣和收获。

从这个角度而言，这是一本有关字的故事的书。它可以帮助孩子们记住很多汉字和语词，并且让这个过程变得有趣。也许有人会问，我还有那么多数学、英语作业要做，还要学钢琴，还要去游泳、踢足球，认识那么多字有什么用呢？这真是一个糊涂的想法，因为你想做好任何事情，都离不开认识很多字这个基础。

这个道理很简单，因为你做的所有事情都需要用脑子。什么叫用脑子呢？就是要体会、要琢磨、要有自己的判断。语言不光是用来说话的，它还是你思考的工具。认识的字少，你的语言就贫乏，你思考的工具就简单。同样是赶路，你光着脚连鞋都没有，能走多远呢？

认的字多，就能读懂更多的好书；会写的字多，就能更好地表达你的意思。简单的文字是很难表达复杂的感受和思想的。我们就说吃吧，这很简单是吧？如果你吃到一种别人没有吃到的食物，想跟别人说说有多好吃，可你只会用“香”这一个字，那你的感受可能根本就说不清。你可能需要用到“甜”“酸”“脆”“滑”“酥”“糯”“暄”等等好多可以用的字，你会的越多，就能说得越准。如果你用你发明的新科技发现了新的宇宙，这可比吃到一种新食物伟大多了，但你只会用“美”这一个字来描述你的发现，别人一定会以为你什么都没发现呢。所以，大家应该尽可能认识更多的字，掌握更多的词。

还有一个需要嘱咐小朋友的是，你们的爸爸妈妈为你们买了这本书，可能他们想到的只是让你们好好学习汉字。其实，你们学了之后，也可以成为父母的老师。你们可能不知道，人一辈子写字最多的时期，就是你们现在这个上学的阶段。大人们离开学校久了，习惯使用电脑，每天真正拿笔写的字都不如你们多。不常写就会忘，所以很多字你们会写，大人不一定会写。你们可以经常拿着书里的字词考考父母，帮助大人进步。

《汉字风云会》希望能帮助小朋友们更加有趣、更加高效地识字、写字。它的成果在这本书中。节目和书的源头都是咪咕智能词库，但却是两条河流。先看节目再看书，像是换了一道风景，两岸的景色完全不同，书里的花花草草更加细腻、立体。先看书再看节目，像是带着风景走进了电影院，每个字词都成了风景中的游戏。

感谢所有的观众和读者。识字和写字是一件应该持续终生而且非常享受的事情。

关正文

2017年10月18日

目录

汉字大闯关　难度 1

汉字大闯关　难度 2

汉字大闯关　难度 3

汉字大闯关　难度 4

汉字造字法

象形字

按照事物的形状画出来。

鱼，甲骨文为“”。上面是头，下面是尾，中间的斜线表示鱼鳞。

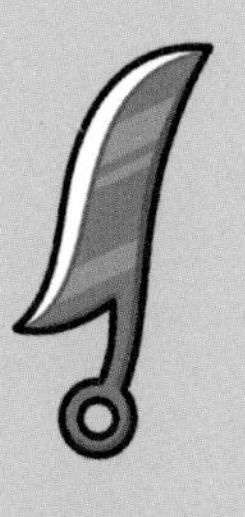

指事字

不能画出来时，就用一种抽象的符号来表示。

刃，甲骨文为“”，意思是刀的锋利部分，用“刀”上加一点来示意。

形声字

由形旁和声旁组成。形旁表示字的意思或类属，声旁用来提示发音。

娴，形旁是“女”，声旁是“闲”。

会意字

两个或两个以上的偏旁组合起来，另造新字。

休，甲骨文为“”。一个人在树下歇息。

[dǎ gōu]

打钩

在公文、试题上面画“√”，表示认可、肯定或正确。

你知道吗？

“钩”用作名词时，指形状弯曲的钩子，如挂钩、鱼钩；充当动词时，指用钩子钩住或者钩取。而“勾”一般不用作名词，所以“打勾”是错误的写法。

举个例子

两朋高语任争筹，夜半君王与打钩。恐欲天明催促漏，赢朋先起舞缠头。

〔唐〕《宫词丛钞》第二七

有趣的宫廷游戏——藏钩

藏钩这一游戏据说是在汉武帝时创制的。相传汉武帝的妃子赵婕妤原来家住河间，容貌秀美，可生下来两拳紧握，一直无法伸开。汉武帝路过河间时，召见她并将她的手展开。不料，这个少女的手中竟然握着一枚玉钩。武帝大喜，娶她回宫，称为“拳夫人”，又称“钩弋夫人”。后宫女人见拳夫人受宠，也纷纷仿效，攥紧双拳，里面藏着玉钩。藏钩游戏由此兴起。

龙首鲸鱼钩

猛虎钩

藏钩游戏玩法简单，又具有很强的趣味性，渐渐地，宫里宫外男女老少都喜欢上了。在游戏时，一个人暗暗将一个小钩或其他小物件藏在一只手中，由其他人猜在哪个人的哪只手里，猜中的人就是胜利者。直至唐代，藏钩游戏仍十分盛行，许多诗人还作过这方面的诗咏，如李商隐的“隔座送钩春酒暖，分曹射覆蜡灯红”，诗中就描写了当时人们设宴饮酒、藏钩取乐的生动场面。

青铜蟠虺龙首钩

[diàn hòu]

殿后

行军时走在部队的最后面。

你知道吗？

“殿”古时候指高大的房屋。后来，指供奉着神佛的地方，比如我们参观寺庙时常常看到的大雄宝殿、观音殿等。也指皇帝居住的地方，我们称为宫殿。

古代的宫殿建筑可以分为“前朝”和“后殿”两个部分，“前朝”是皇帝处理政事的地方，“后殿”是皇帝与妃子们生活居住的地方。所以，“殿”字又引申为“在后面”，比如殿后、殿军。

举个例子

出则居前，入则殿后。

〔后晋〕刘昫《旧唐书 · 杜伏威传》

孟之反不伐

鲁哀公十一年，齐国率大军攻打鲁国。鲁国组成了一支部队前去迎战，部队的左师由冉求当统帅，部队的右师由孟孺子当统帅。

两国的军队在曲阜城外打了起来。交战中，冉求率领的左师非常勇猛，像利剑一样冲入齐军阵中，很快取得了作战优势；可孟孺子率领的右师行动却非常缓慢，因为统帅犹豫不决，还没怎么打就乱了阵脚。最后，鲁国只好全军撤退了。

撤退途中，大家都害怕有追兵，所以谁也不愿意落在最后，一个劲儿地拼命往回跑。但是，有一个叫孟之反的人却恰恰相反，他始终走在军队的最后面，主动承担了殿后警戒、掩护全军的任务。

军队一路败退，一直退回到了曲阜城下。当别人都安全地进城后，孟之反才抽打自己的马赶了上去。

大家纷纷称赞他护军有功，孟之反谦虚地说："哎呀，其实我留在最后并不是因为我有多么勇敢，实在是因为我的马跑不快啊。"

孟之反明明掩护有功，却这样谦虚，所以，连孔子都称赞他是个不居功自傲的人。

[dù guò nán guān]

渡过难关

挺过危险时期，跨过难以通过的关口，比喻克服了困难。

你知道吗？

“渡”本义指通过江河。“渡”的对象多为空间，且必须付出人的努力，如“渡过难关”“渡过黄河”。“渡”有个读音相同的朋友——“度”。“度”的对象多为时间，如“虚度年华”“欢度春节”。

举个例子

因我最初的时候，不过数千金亏空，后来被我设法渡过难关。

朱瘦菊《歇浦潮》

汉字故事会

同舟共济，渡过难关

春秋时期，吴国和越国这两个国家经常打仗，连年的交战使得两国的百姓苦不堪言，因而彼此都将对方视为仇人。

一天，在吴越交界处河面的一艘渡船上，乘坐着十几个吴人和越人，双方谁也不搭理谁，气氛显得十分沉闷。当船行至河中央的时候，突然天色骤变，刮起狂风。霎时间满天乌云，暴雨倾盆而下，汹涌的巨浪一个接着一个向渡船扑来。渡船在狂风中左右摇晃，如果不赶快解开绳索，把帆降下来，船就有翻掉的可能。危急时刻，吴国人和越国人忘记了仇恨，相互伸出援救之手，就像一家人一样。他们紧紧地把住船舷，冲向桅杆，顶着狂风恶浪，一起去解开绳索。不一会儿，渡船上的篷帆降了下来，颠簸着的船身渐渐稳定。渡船终于安全到达对岸。

面对危险，吴国人和越国人放弃仇恨，同舟共济，实为明智之举。

[huáng lián]

中药，味道极苦。

你知道吗？

黄连是一种常见中药，可以清热解毒，但它的味道苦极了，哑巴要是吃了它，那可真是有苦难言啊！

汉语中还有许多和“哑巴吃黄连，有苦说不出”意思相近的词语，比如：苦不堪言、如鲠（gěng）在喉等。

举个例子

寡妇孤儿，恐怕受人欺侮，真是“哑巴吃黄连，有苦说不出”。

李六如《六十年的变迁》

汉字故事会

海瑞智惩胡公子

明朝时，有一位著名的清官，名叫海瑞。他刚正不阿，打击贪官污吏，深得民心。因此，人们称他为“海青天”。

海瑞在淳安做知县时，有一次，总督胡宗宪的儿子路过此地。要知道，胡宗宪可是海瑞的顶头上司啊，可是，海瑞没有像别的官员那样，因为胡公子的父亲而给他超常的待遇，他只是让负责接待的人员按照规定给胡公子提供了住宿和伙食。

这让一路走来都受到地方官员特别款待的胡公子非常生气，觉得自己受了冷落。于是，他一怒之下便叫人把负责接待的人捆了，并倒吊起来。

海瑞知道这件事后，立刻带人把胡公子抓了起来，然后严肃地对大家说：“胡总督做官一直堂堂正正，还教育属下不要铺张浪费。而这个人行李这么多，这么奢侈，肯定不是胡总督的儿子。”他随即扣押了这位胡公子，并没收了他的银子，又给胡总督写了一封信，说有人冒充他的公子，并请他指示该如何发落。

这下，胡总督真是“哑巴吃黄连，有苦说不出”，只好不了了之。

[huáng liáng měi mèng]

黄粱美梦

比喻不切实际，不能实现的如意打算（含讥讽意）。

你知道吗？

“粱”的形旁是“米”，一种粮食，俗称小米，有黄、青、白三种颜色。“黄粱美梦”也作“一枕黄粱”“黄粱一梦”，意思是一场美梦醒来时小米饭还没有煮熟，用现在的话来说就是想要实现的好事落得一场空。

举个例子

因应举不第，道经邯郸，得遇正阳子师父，点化黄粱一梦，遂成仙道。

〔元〕范康《竹叶舟》

汉字故事会

原来是场梦

从前有一个穷困潦倒的书生，姓卢，大家都叫他卢生。一年，他进京赶考，途中在邯郸的一家旅店投宿。在店里，他遇到了一个叫吕翁的道士，便向吕翁述说了自己的情况。吕翁送给他一个枕头说：“你睡觉的时候枕着，保证让你称心如意。”这时店主正在煮小米饭，卢生见饭还没好，就枕着这个枕头睡了一会儿。

他梦到自己回到了家里。几个月后，娶了一个貌美又有钱的妻子，生活也富足起来。第二年，他进京赶考，一举中了进士。经过层层提拔，又做了节度使。后因军功官至宰相，还被封为“燕国公”。他这一生儿孙满堂，拥有享不尽的荣华富贵，一直到八十岁才寿终。梦一结束，他就醒了。他伸伸懒腰，看见道士还坐在身边，自己还是穿着粗布烂衣。这时，店主人煮的小米饭还没熟呢。卢生想想自己所享受的一切，竟是短暂的一梦，很惊异。吕翁笑道：“人生不就是这样吗？要想真正享受荣华富贵，就要靠自己的双手去创造。”

[jīn bǎng tí míng]

金榜题名

由皇帝亲自主持的科举考试被录取，后泛指升学考试被录取。

你知道吗？

“题”字里有一个“页”字。“页”的甲骨文像一个侧面人形，突出了头部，所以“页”字最初是用来表示头部。含“页”的字，比如“额”“顶”“题”这些字的含义，都与“头部”有关。“题”的本义是额头。《山海经·北山经》记载有一种名叫孟极的野兽，形状像豹子，“文题白身”，意思就是说孟极的额头有纹路，身上的毛是白色的。

“题”也表示动作，“书写”之意，苏轼的著名古诗《题西林壁》就是指书写在西林寺的墙壁上的诗。“金榜题名”的“题”就是书写、题写的意思。

久旱逢甘露，他乡遇故知。洞房花烛夜，金榜题名时。

〔宋〕汪洙《神童诗》

“金榜”“花烛”双喜临门

王安石是北宋有名的文学家、政治家，唐宋八大家之一。据说23岁那年，王安石进京赶考，路上看到一户宅院外挂着明晃晃的走马灯，灯上“走马灯，灯马走，灯熄马停步”的对子格外显眼，不禁拍手连连叫道：“好对！好对！”之后便匆忙赴考。

第二日进考场，王安石才思泉涌，交了首卷。主考官见状，便让他面试，心想：这小子在这么短时间内交了卷子，定要出个难题考考他。于是他指着飞虎旗说：“飞虎旗，旗虎飞，旗卷虎藏身。”王安石听后，顿时脑瓜子一亮，脱口而出：“走马灯，灯马走，灯熄马停步。”主考官听后惊讶不已，上下扫视王安石一遍，如获至宝。

考试结束，王安石便返程回家，路过那座大宅院时，特意进门致谢，并挥笔写下“飞虎旗，旗虎飞，旗卷虎藏身”。宅院主人马员外见他对得甚是工整，觉得王安石必是可塑之才，便将自己的宝贝女儿许配给他。在拜堂成亲当日，传来喜报：王安石金榜题名，高中进士。这真是“金榜”“花烛”双喜临门哪！

小链接

走马灯，属于中国古代灯笼的一种。燃灯后热气上熏，灯屏转动，灯屏的各个面通常画上古代武将骑马的图画，因而灯转动时看起来像几个人你追我赶一样，所以名叫“走马灯”。

[liú xiè]

（液体、光线等）迅速地流出、射出、跑过。

你知道吗？

“泻”的意思是“很快地流”。南宋诗人陆游《雨夜》一诗中“急雨如河泻瓦沟，空堂卧对一灯幽”，骤雨突降，汇聚瓦沟，就如同河水般倾泻而下，多么形象的比喻，让人感受到雨势的迅猛。“泻”的同音字——“泄”，意思是液体、气体排出，如“泄气”“泄露”“发泄”，但是“泄”没有“很快”的含义。“泻”和“泄”要区分清楚哦！

举个例子

上界银河窄，流泻到人间！

〔明〕冯梦龙《警世通言》

汉字故事会

禹开孟门

在黄河中游段，有一处著名的景观，那就是壶口瀑布。而在它的下游五公里的地方，有两块梭形巨石，巍然屹立在巨流之中，形成两个河心岛。这两个小岛，从远处看像一艘船，从上面看像一扇门，而近看又像山，因此得名“孟门山”。

孟门山的由来，还有一个故事呢！相传这两个小岛原来是一座山，黄河从上游奔腾而下，却在此处遭到了阻隔，于是向周围扩散。附近的庄稼和房屋都被淹了，老百姓流离失所，只能背井离乡。大禹奉舜的命令治理黄河的水灾，他来到孟门山这个地方，发现这座山把河道堵住了，水流不通畅，自然就引发洪水泛滥。大禹知道这座山是治理水灾的关键，他想了很久，既然不能把山移走，那能不能让水从山的中间流出去呢？于是，大禹带领人们日日夜夜不停地挖，终于挖出了一个巨大的口子，疾驰的洪波顺着口子流泻而下。从此，这里再也没有发生过洪灾。这是大禹治水在黄河上疏通的第一个洪水出口，故有“天下黄河第一门”之称，也因此得名“孟门”。

[nián fāng èr bā]

年方二八

女子年龄刚刚十六岁。

你知道吗？

“方”是“才”的意思，强调岁数还小。“芳”是美丽的花朵，如群芳斗艳；引申为美好的名声，如流芳百世。“年方二八”意思是年龄刚好十六岁，所以是“方”哦。

小尼姑年方二八，正青春被师傅削去了头发。

《霸王别姬》

月下老人的传说

唐朝时，有个叫韦固的书生去访友，借宿客栈。一天半夜，他看见一个须发银白的老翁坐在台阶上，倚着布袋在月光下看书。他偷偷一看，却一字不识。老人笑着说："此非人间凡书，上面写的是天下男女婚姻的事。"韦固将信将疑，又问布袋里装的是什么东西。老人道："是红线，用来系两人的脚，一男一女降生时就已被这红线拴住了，这样他们将来一定会成为夫妻。"韦固更加惊奇，再问："小生的妻子应是哪位千金？"老人翻了翻书说："卖菜陈婆的女儿今年才三岁，十六岁时与你结为连理。"

韦固说："可否得见未来的娘子？"老人领他到菜市场，韦固看到有个妇人，抱着一个丑陋的小女孩蹒跚而来。老翁指着小女孩说："这就是你的娘子。"韦固哪里肯信，他鬼迷心窍，竟然派仆人去刺杀小女孩。仆人胆小，只刺破了小女孩的眉间，便逃之夭夭。

转眼十多年过去了，韦固一直没有娶妻。他在刺史王泰手下当了参军。王泰欣赏他才学过人，将女儿许配给他。新娘王氏年方二八，美若仙子，韦固非常满意，夫妻相敬如宾。可是，新娘眉目间总贴着一朵彩色纸花，晚上睡觉也不取下。韦固忍不住询问，得知妻子就是陈婆的女儿，陈婆去世后，被王泰收养。从此韦固认定当年遇到的月下老人正是主管人间婚姻的媒神。

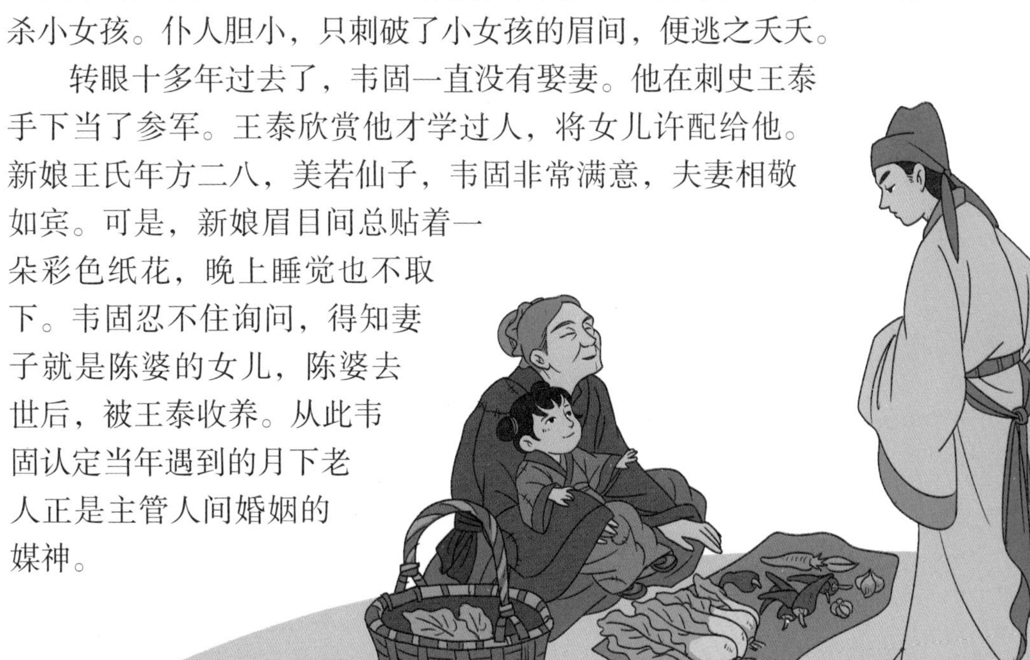

[pī lì]

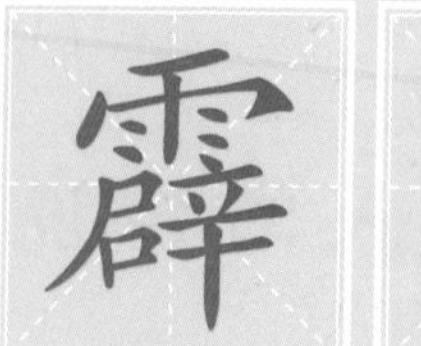

云与地面之间发生的一种强烈雷电现象，响声很大，能对人畜、植物、建筑物等造成很大的危害。

你知道吗？

“雨”字的演变过程：

商　　商　　西周　　《说文》古文　　《说文》小篆　　楷书

古文字中，“雨”字的横画表示天空，竖画像雨滴。后来多了一个开口向下的冂，表示云层，雨滴用点来表示，更形象地展现了从天空云彩中滴下的水滴便是雨。

举个例子

走进堂中，只听得打鼾之声，如霹雳一般的响。

〔明〕冯梦龙《古今小说·临安里钱婆留发迹》

雷神的传说

相传在南朝时，雷州有个猎户叫陈洪。有一天，陈洪在荆棘丛里意外发现一个肉球，就把它带回家。谁知，途中突然风雨交加。随着一声霹雳大炸雷，肉球迸裂，从里面跳出一个小男孩。男孩左手掌有个“雷”字，右手掌有个“州”字。从此，每天都有雷声在陈家上空响起。直至一年后小男孩能吃饭了，陈家上空的雷声才停止。后来，这个男孩取名叫陈文玉，乡亲们都喊他“雷神”。

长大后，陈文玉出任本州刺史，对百姓多有善行，受人爱戴。任职期间，陈文玉深感雷州是兵家必争之所，为了让百姓安居乐业，便主持修筑城池，款项不足还捐出自己的薪俸。当城池竣工之时，陈文玉背后生出两个翅膀，袅袅升天了。百姓见状伏地跪拜。陈文玉升天之后，百姓尊称他为“雷祖”，特意建了祠庙来祭祀他。宋朝时，朝廷知道了这位“雷神”，特封陈文玉为“威德昭显王”。

古时候，科学不昌明。天雷滚滚，古人认为是天神雷公在发怒，因而古人对雷神有很大的敬畏与恐惧之心。

[qiǎng bái]

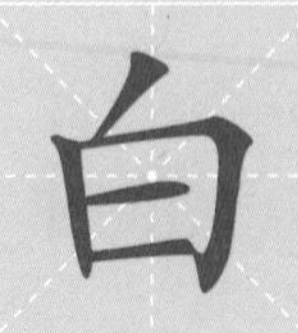

抢白

当面训斥或讽刺。

你知道吗？

当太阳还没升到地平线时，天空是白色的，像鱼肚子的颜色，所以被称为“鱼肚白”。“白”还有明亮的意思，如“雄鸡一唱天下白”，公鸡喔喔喔一叫，天就亮了。“白”引申为表明、陈述，如表白、告白。

举个例子

且说香菱自那日抢白了宝玉之后，连大观园也不轻易进来了。

〔清〕曹雪芹《红楼梦》

汉字故事会

红娘呛张生

张生名叫张珙（gǒng），父母早就去世了，家境贫寒。他在进京赶考的路上在普救寺留宿，当时，崔老夫人与女儿崔莺莺刚好也住在普救寺。一天，张生看见了在殿外玩耍的崔莺莺，被崔莺莺的美貌吸引了。于是，他就拉着崔莺莺的侍女红娘问："你是崔莺莺的丫环吗？"

"是啊，你问这个干什么？"红娘感到十分奇怪。

于是张生开始一通自我介绍，姓名啊，年龄啊，生辰八字、婚姻状况啊……红娘感到莫名其妙，不耐烦地打断了他："谁问你这些了？"那张生还是不识趣，接着问道："崔小姐经常出来吗？"

红娘对张生的举动感到莫名其妙，于是噼里啪啦一顿抢白，什么"男女授受不亲"啦，君子"瓜田不纳履，李下不整冠"啦，"非礼勿视，非礼勿听，非礼勿言，非礼勿动"啦，全都搬出来了。

经过红娘的这一番抢白，张生终于停止了追问，但他对崔莺莺的喜爱并没有停止。后来经历了很多周折，两个人终于结成了夫妻。这是著名戏曲《西厢记》里的故事。

[shàn cháng]

擅长

在某方面有特长。

你知道吗？

“长”是个象形字，甲骨文写做“[illegible]”，像一个留着长发的人拄着拐杖。有些文字学家认为，古人是用长长的头发来表示长久的意思。“长”还有一个发音是zhǎng，如年长。

举个例子

我不擅长辞令，又缺乏随机应变的才能。

巴金《随想录 · 中国人》

汉字故事会

哪敢空字

公元 675 年的重阳节，南昌都督阎伯舆重建了滕王阁，邀请了很多文人学士来为滕王阁写序。

“初唐四杰”之一的王勃正好路过，也收到了邀请函，于是欣然赴约。一番宴饮之后，在座的诸位才子纷纷落笔，对阎都督亲自主持重建的滕王阁献上华美的辞章。王勃沉吟片刻，大笔一挥，洋洋洒洒，一篇文采飞扬的《滕王阁序》就此诞生，尤其是其中的“落霞与孤鹜齐飞，秋水共长天一色”流传千古。

阎都督看了序文，拍案叫绝，紧接着读起了序诗：“闲云潭影日悠悠，物换星移几度秋。阁中帝子今何在？槛外长江　自流。”读到最后一句，他傻了眼，怎么少了一个字？旁边的人看了，你一言我一语，纷纷猜测是哪个字，阎都督听了总觉得不是那个味道。此时，王勃早已离席，于是阎都督派人快马加鞭去追王勃，却得到王勃的书童这样的回复：“我家公子有言，一字值千金，望阎大人海涵。”阎都督心想：这不是敲诈吗？真是可气！无奈爱才心切，于是备好纹银千两，亲自找到王勃，希望他补上那个空白。王勃接过银子，故作惊讶地说：“劳烦大人了，我哪敢空字？空（kòng）者空（kōng）也。”阎都督这才醒悟过来，最后一句原来是：槛外长江空自流。他连声赞叹：“妙啊妙啊，一字千金，不愧当世奇才！”

[tán xiào fēng shēng]

谈笑风生

形容谈话时有说有笑，兴致很高，并且很有风趣。

你知道吗？

“生”的甲骨文写做“⊻”，上面是初生的草木，下面是地面或土壤，表示草木从土里生长出来。“风生”，风起来了，起风了，比如李白的诗句“水退池上热，风生松下凉”。后来，“风生”用来形容交谈时气氛很活跃，如满座风生。

他嘻嘻笑着，让酒让菜，谈笑风生，又谈起他的山林生活。

梁斌《播火记》十七

陋室鸿儒刘禹锡

刘禹锡是唐朝文学家，他性格开朗，积极乐观，心胸开阔，与韩愈、柳宗元是好朋友。

公元805年，刘禹锡参与政治革新，遭到了朝廷大官的反对。改革失败后，他被贬到了安徽和州，在县里当一个小官。当时，按他的职位居住的应该是县衙里的三间房子，但知县见刘禹锡是被贬下来的，于是百般刁难，把他安排在城南临江的房子里。这样的房子寒气重，还有被淹的隐患。刘禹锡不但没有怨言，反而很高兴，他说，住在这里可以欣赏江上来来往往的帆船，何乐不为呢！

知县见没有打击到刘禹锡，又想出一招来欺负他。他让人把刘禹锡的房子从城南迁到城北，而且把三间房换成一间半。房子坐落在河边，刘禹锡见河边杨柳依依，空气清新，不但不计较，反而十分欢喜。

知县见刘禹锡仍然一副满不在乎、悠闲自得的样子，就让他搬到县城中部的一间斗室，屋内只能放得下一张床、一张桌子和一把椅子。刘禹锡见室外杂草围绕，台阶上爬满苔藓，不但没觉得脏乱，反而感到自由自在。刘禹锡弹弹琴，诵诵经，与意趣相投的三五朋友谈笑风生，生活很惬意。

正是这宽大的胸襟，使刘禹锡在艰难的环境下不致贫病交加，等到了重新启用的机会。

[wèi jìng]

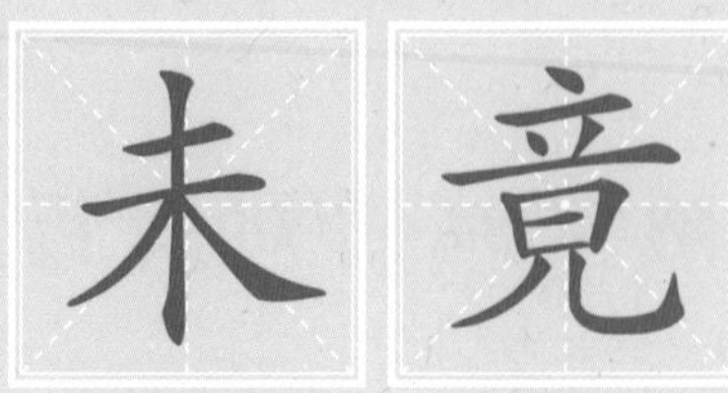

没有完成（多指事业）。

你知道吗？

“竟”甲骨文写做“[甲骨文字形]”，上面是“音”，下面是“人”，意思是乐曲演奏完，后来泛指完成。“竟”和“竞”只差了一笔，意思大不相同。“竞”的本义是追逐，后引申为竞争，如竞赛、竞相。因此“未竟”不可以写成“未竞”。

举个例子

只我自己读书一场，不曾给国家出得一分力，不曾给祖宗增得一分光，今日之下，退守山林，却深望这个儿子完我未竟之志。

〔清〕文康《儿女英雄传》

才女班昭

东汉有个女子，名叫班昭。班昭出身于书香门第，她的父亲班彪是远近闻名的学者。在父亲的影响下，班昭自幼勤学，博学高才。她十四岁时嫁给了同郡人曹世叔，不幸的是丈夫早逝。班昭品行端庄，曾经被汉和帝多次召见，还被皇后和贵人们视为老师，称其为“曹大家（gū）”。

班昭的哥哥班固是个史学家，九岁就能诵诗赋，十六岁入太学，儒家经典及历史无不精通。班固撰写《汉书》，未竟而卒，就是说没有完成就去世了。班昭奉旨入东观藏书阁，续写《汉书》。她潜心写作，对哥哥已经写完的部分加以整理，并补充了未完成的部分。

班昭除了续写《汉书》，还参与政事。她去世后，太后身穿素服哀悼这位旷世才女。

[yì yùn]

内在的意义，含义。

你知道吗？

在中国古典诗词中，一朵花、一个月亮、一丛竹子，往往有不同的意蕴。拿月亮来说吧，有时月亮代表美丽，如“小时不识月，呼作白玉盘”；有时月亮代表思念，如“举头望明月，低头思故乡”。圆圆的月亮代表团圆，而弯弯的月亮则代表不圆满和忧伤。

民间剪纸艺术有一种质朴的意蕴。

佚名

李白捉月

传说，有一次李白到当涂（今安徽境内）去游玩。晚上，他在采石江边的一座酒楼上歇脚。这天碰巧是农历十五，月亮特别圆。他独自坐在酒楼上，一边喝酒赏月，一边吟诗作赋。看着天上那轮皎洁的月亮，他非常高兴，不知不觉多喝了几杯。到了半夜，李白乘着酒兴，命人准备小舟，一人泛舟于江上。突然他一低头，看见月亮掉进水里了。微风拂过，江水一动，洁白的月影上添了几条黑纹。李白这时喝得酩酊大醉，还以为月亮被江水弄脏了，于是，不顾三七二十一"扑通"一声跳进江里，伸出双手就去捞月亮。

李白这一跳，月亮没捞着，却把水里的月亮震破了。后来人们修建了"捉月亭""醉月亭"等建筑，来纪念这位伟大的浪漫主义诗人。

小链接

月亮的别称多

蟾宫　玉盘　银钩　婵娟　桂宫　玉轮　冰轮　桂魄

[yú yǒng kě gǔ]

余勇可贾

有剩下的力气可以使用。比喻勇力过人，持久不懈。

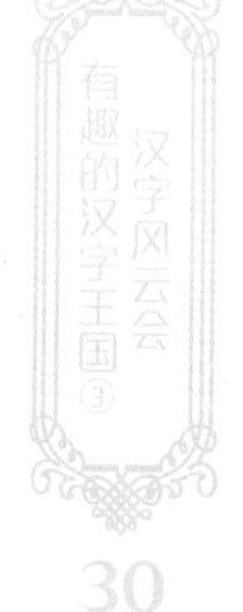

你知道吗？

“贾”是“贝”字旁，和财富有关，意思是商人，或者是做买卖。早在夏商时期，海贝就被当作货币使用，称为“贝币”，一直沿用到春秋时期。春秋之后，铜、铁、银、金等各种金属铸币才流通起来。注意，在“余勇可贾”这个成语中，“贾”读 gǔ，不能读成 jiǎ 哦！

举个例子

卿之余勇，可以贾人也。

〔唐〕魏徵《隋书 · 宇文庆传》

余勇可贾

春秋时期，诸侯争霸，硝烟四起。齐国攻打鲁国和卫国，晋国出兵援助鲁国和卫国，结果齐晋双方开战。

齐国有一员名叫高固的大将，十分勇猛，在两军交战之前主动向齐顷公请缨："齐军和晋军从未当面交锋，我们不知晋军虚实，请让我前去看一看。"齐顷公答应了他的这个请求。高固独自一人驾了一辆战车，直冲晋营，恰巧迎面来了一个驾着战车的晋军军官。高固力拔千钧，举起一块大石头砸倒对方，并趁机跳上对方战车，押着他飞奔回营。

高固立了战功，非常得意，便在战车后面系上一棵桑树，在军营里跑了一圈，还高喊："谁需要勇气，快来买啊！我还剩下很多的勇气没有用完，可以卖给别人！"

高固勇猛有余，但谨慎不足。他作为齐国大将，仅凭这偶然得来的胜利就武断地认为晋军不堪一击，导致齐军轻敌冒进，最终遭遇惨败。

[zhěng qí huà yī]

整齐划一

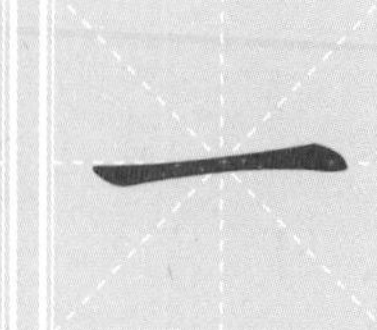

有秩序，协调一致。

你知道吗？

“划”字有两种读音，当它的意思是用桨一类的东西拨水使船前进时，读 huá；而表示用刀或其他尖锐物把东西割开、分开，或者表示擦掉、抹掉的时候，读 huà。

举个例子

所以整条青石板街，成了白底红字的标语街、对联街，做到了家家户户整齐划一。

古华《芙蓉镇》

孙子斩吴王宠妃

孙子是春秋时期著名的军事家。一天，吴王想为难一下孙子，就指着自己的宫女说："你能把她们训练成士兵吗？"孙子说："可以。"于是，孙子选中宫女一百八十人，把她们分为两队，派吴王的两个宠妃分别担任队长。

孙子命令宫女们说："你们知道左手和右手、胸口和后背的方向吗？"宫女们说："知道。"孙子将规定宣布清楚，当场重复了多遍。然后用鼓声和手势指挥她们向右，宫女们大笑。孙子说："规定不明，申说不够，这是将领的过错。"他又重复了多遍，然后用鼓声指挥她们向左，宫女们又大笑。孙子说："规定不明，申说不够，是将领的过错；已经讲清而仍不按规定来行动，就是队长的过错了。"说着就要将两队的队长斩首。

吴王大惊失色，忙说："寡人已知道将军善于用兵了，请不要将她们斩首。"孙子说："臣下既已受命为将，将在军中，某些情况下可以不遵守君王的命令。"于是命人将两个队长斩首示众，重新选派队长，再次用鼓声指挥她们操练。宫女们向左向右向前向后，整齐划一，全都合乎要求。从此吴王重用孙子，后来孙子也为吴国立下了卓著战功。

[zhù chéng dà cuò]

铸成大错

造成很大的错误。

你知道吗？

“铸”的甲骨文写做“[illegible]”，是双手（[illegible]）将鼎（[illegible]）中的熔液灌注到另一个作为模子的器皿（[illegible]）中。所以，“铸”的本义是把金属融化后倒入模具内制成器物。

金属熔化又冷却凝固成型，是很难再改变的了。聪明的你，感受一下“铸”和“筑”两个字的含义，一定会清楚，哪个与“大错”更相配了吧！

举个例子

倘若我晚回一步，岂不铸成大错！

姚雪垠《李自成》

汉字故事会

不知几州铁，铸此一大错

话说唐代宗时，魏博节度使田承嗣从军队中选了五千名精兵组成了卫队，叫牙军。牙军存在了两百多年，他们俸禄高，待遇好，势力越来越大。慢慢的，这些军人变得骄横无比，常常发动兵变，已经驱逐、杀死了好几任节度使。

唐末时期，罗绍威担任魏博节度使，正好遇到了牙军作乱。于是，罗绍威就派人向当时最强大的宣武节度使朱温求援。

朱温派了七万人马来到魏博，一待就是半年，杀了几千牙军，平定了叛乱。但是，在这半年中，罗绍威为朱温的军队提供了很多钱财和粮草。朱温离开魏博时，又向罗绍威索要了上百万钱。

虽然罗绍威借助朱温除掉了自己的心腹大患，但是魏博从此变得衰弱不堪。罗绍威很后悔，说："把魏博六州四十三县的铁都聚集起来，也铸不成这么大的错（错，既是指错误，也指当时的一种名叫错刀的钱币）啊！"

这就是"铸成大错"这个词的来历。

"错刀"又叫"金错刀"。金错刀是用金子涂饰过的，"其环如钱，其身如刀"。这样的钱币，制作精美，造型奇特，目前仅有少量存世。

[bào bīng]

刨冰

“刨冰”是一种冷食，把冰块刨成碎片，加上果汁等，现做现吃。

你知道吗？

“刨”是一个形声字，形旁是立“刀”，声旁是“包”，从形旁可看出“刨”与刀具相关。“刨”的本义是“削”的意思，表示动作，引申为推、刮木料等物，使得表面光滑，也指用刨子或刨床刮平木材、钢材等。“刨”也表示挖掘或者减去、除去的意思，如“刨坑”“刨除”“刨根问底”，这种情况下读“páo”。

侍者托着一个建漆小盘，盘中盛着两杯刨冰。

叶圣陶《线下 · 桥上》

刨根问底聊“冰”史

冰棍、刨冰、冰激凌是夏天的解暑美食，它们在我国有着悠久的历史。古人很早就学会了“藏冰”。每年大寒季节，古人就开始凿冰，把凿下的冰块放在冰窖里，来年降温消暑用。

春秋末期，冰不再只用以降温，达官贵人喜欢在宴席上喝冰镇米酒助兴。

到了唐代，人们已会制作冰棍。大水桶里放上冰块，撒上盐以降低冰的熔点，再将盛有蔗糖水的小铁盒排列在桶中，插入小棍，过一会儿冰棍就冻成了。

宋朝时期，冷饮已非常丰富。夏天，人们除了能喝到冷酒，还能吃上各式冷饮，并且有了刨冰。宋朝都城汴京，一到农历六月，街道两旁就摆满了冷饮摊，出售“冰雪冷元子”“雪泡豆儿水”“凉水荔枝膏”等。

到了元代，冷饮又有了新突破。据说，元世祖忽必烈很爱喝牛奶，但夏天牛奶容易变质。于是，他想了个办法——在牛奶中加入冰块、蜜饯和果酱，发现“奶冰”的口感很好。这就是我国最早的冰激凌。

明清时期，冰镇饮食已遍布街头巷尾。盛夏时节，很多小贩挑着担沿街售卖“凉水”“冰杨梅”“冰桃子”等。

你瞧，善于发明创新的古人，在酷热难当的夏季，口福也不浅吧。

[bìng rù gāo huāng]

病入膏肓

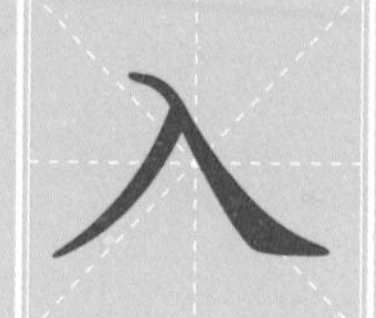

病情特别严重，无法医治。也比喻事态严重到不可挽回的地步。

你知道吗？

“膏”甲骨文写做“”。上面的“”指高楼、庙宇，下面的“”指肉，代表动物的油脂。因此，“膏”的本义是庙堂中敬神的油脂。

古时候，人们把心尖的脂肪称为“膏”，心脏与隔膜之间的脂肪称为“肓”，古人认为膏肓之间的位置是药效发挥不到的地方。所以，病入膏肓就没有办法医治了。

举个例子

吾观刘琦过于酒色，病入膏肓，现今面色羸（léi）瘦，气喘呕血；不过半年，其人必死。

〔明〕罗贯中《三国演义》

汉字故事会

讳 疾 忌 医

战国时期，有一位非常有名的医生叫扁鹊。

有一天，扁鹊去见蔡桓公。他仔细端详了蔡桓公的气色后，说："大王，您得病了。现在病只在皮肤表层，赶快治，容易治好。"蔡桓公不以为然："我没有病，不用治！"

过了十天，扁鹊再去看望蔡桓公，他着急地说："您的病已经发展到肌肉里去了。"蔡桓公很不高兴："我根本就没有病！"

又过了十天，扁鹊对蔡桓公说："大王，您的病已经进入了肠胃！"蔡桓公勃然大怒："我哪来的什么病！"

十天后，扁鹊再次去看望蔡桓公。这一次，他只看了一眼，掉头就走。蔡桓公非常纳闷，赶紧派人去询问。扁鹊说："一般的病只要及时治疗，都会慢慢好起来的。但大王之前不肯接受治疗，现在已经病入膏肓了，我不敢再请求为大王治病了。"

果然，五天以后，蔡桓公的病突然发作了。他派人赶紧去请扁鹊，但扁鹊已经到别的国家去了。没过几天，蔡桓公就病死了。

这个故事告诉我们，生病了要早点医治，不能讳（huì）疾忌医。同样在生活中，我们要学会正视自己的缺点和错误，接受他人的建议和忠告。

[chuō pò]

戳破

刺破。引申为点明，揭露。

你知道吗？

“戳”是“戈”字旁，小读者们知道吗，“戈”是古代一种兵器，和“戈”有关的字，都有那么一点点武力、野蛮的意味。比如战、截、威、戒等。戳，用锐器的尖端刺击，引申为用指头指点，如戳脊梁骨，意思是背后揭他人的伤疤，说他人的短处。

她怎么睡得着呢？五婶那两句话好像戳破了她的旧伤口，新事旧事，想起来再也放不下。

赵树理《登记》

破 天 荒

当你突然做了一件从来没做过的事情时，你有没有听到这句话："真是破天荒了！""破天荒"其实是有来历的，这个词语跟古代的科举制度有关系。

隋朝的第一个皇帝，叫隋文帝。隋朝之前，朝廷选取官员，或者采用世袭的方法，或者采用推荐的方法。隋文帝觉得这些方法落后了，就创立了"开科取士"，就是通过考试来选拔官员，这样的制度给大批平民子弟提供了入朝做官的机会。这在当时是很进步的举措。

到了唐代，荆南地区几十年都没有一个人考中科举，于是有人就讽刺那里闹了天荒。终于，在唐宣宗大中四年，有个叫刘蜕的人考中了，人们纷纷谈论，说这叫"破天荒"。当地官员崔弦还写信给刘蜕，对他考中表示祝贺，特别奖励刘蜕七十万的"破天荒"钱。刘蜕不肯接受崔弦的礼物，并很有骨气地回了一封信，说："从我考中开始，这里再也没有天荒了。"

[dà bù wěi]

天下人都知道的过错。

你知道吗？

“韪”就是“是、对”的意思，“不韪”就是指过失、不对。但是，“不韪”这个词语并不常用，常用的是“冒天下之大不韪”，意思是指不顾舆（yú）论的谴责，做出普天下的人都认为不对的事情。

因为发令者敢于公开发此反革命命令，冒天下之大不韪，必已具有全面破裂和彻底投降的决心。

毛泽东《为皖南事变发表的命令和谈话》

汉字故事会

息王伐郑

春秋时期，有许多诸侯国，其中郑国和息国相邻，它们是同姓，都姓姬。郑国不算大，但息国更小。

息国虽然是个很小的国家，但统治者息王却不能与邻国友好相处，特别是与比息国强大的郑国，常常因为一些小事争吵。

有一年，息国为了一件小事又和郑国闹翻了。息王抑制不住内心的愤怒，要讨伐郑国。于是，他就召集大臣们来商议。

大臣们都反对息王伐郑的决定。有的大臣说："我们的威望没有郑国高，不能出兵啊！"有的大臣说："我们的力量没有郑国强，攻打郑国难以取胜啊！"还有的大臣说："陛下和郑国国王同姓，不要轻易动武。"……

然而息王冒天下之大不韪，不分是非曲直，一意孤行地指挥息军在边境地带与郑军激战。最后，因为息国实力太弱，息王的军队以惨败收场。

[é chuán]

讹传

错误地转述；错误的传说。

你知道吗？

“讹”是错误的意思。《红楼梦》里有个人物叫薛蟠，他呆头呆脑，不学无术，人送外号“呆霸王”。有一天，他请贾宝玉吃饭，说：“我昨天看见一幅画，画得真好。那个作画的好像叫什么庚黄。”贾宝玉很纳闷，从来没听说过“庚黄”这个人，后来一细想，应该是明代大画家唐寅（唐伯虎）。“唐寅”和“庚黄”笔画很像，所以这个呆霸王就讹传了。

举个例子

这并非讹传，一天上午，女学生姗姗而来，坐在了我的门板上，这就是柳溪同志。

孙犁《澹定集·序》

以讹传讹

战国时期，宋国有一户姓丁的人家，他家的院子里没有水井，主人阿丁每天要到很远的地方去打水。后来阿丁在院子里打了一口井，再也不用到外面打水了，他很开心地对邻人说："吾穿井得一人。"意思是说，打好井后再也不用去外面打水，如同多了一个人力使用。

阿丁对邻人说的话被路人听去了，路人就四处说丁家打井挖出来一个人。大家都这么传，一传十十传百，都说丁家打井挖出了一个人。最后这件事竟然传到了宋国国君的耳朵里，宋国国君派人问阿丁这是怎么回事。

阿丁听后哈哈大笑说："我们家打了井，不用再出去打水，就如同多了一个人使用，而不是挖出了一个人。"事情终于真相大白。

[ěr bìn sī mó]

耳鬓厮磨

两人的耳朵和鬓发相互摩擦，形容亲密相处（多指小儿女）。

你知道吗？

“鬓”是指两颊靠近耳朵的头发，“鬓”的上半部分是“髟”，表示头发长。带有“髟”的家族成员可多啦，有髭、鬃、髦、髯……别看这些字笔画复杂，但是它们都跟毛发有关，所以别被它们复杂的外貌吓到哦！

我的姐姐，咱们从小儿耳鬓厮磨，你不曾拿我当外人，我也不敢怠慢了你。

〔清〕曹雪芹《红楼梦》

汉字故事会

耳鬓厮磨

读过《红楼梦》的小朋友可能有印象，书里有个丫环叫司棋，从小和表兄在一起长大，二人青梅竹马，产生了深厚的感情。

后来司棋被父母送进了贾府做丫环，二人被迫分开，不过他们始终都牵挂着对方。

一次，表兄偷偷溜进贾府来见司棋，不巧被贾母的丫环鸳鸯撞见了，两人惊恐万分。第二天表兄因为害怕而逃走了，司棋见表兄这样无情，又急又气，很快就病倒了。

鸳鸯知道司棋生病了，来看望她，安慰道："你放心，我绝不会把这件事告诉别人的。"

司棋说："我的姐姐，咱们从小儿耳鬓厮磨，你不曾拿我当外人，我也不敢怠慢了你。现在我做错了事，但你能不告诉任何一个人，就像我的亲娘一样对待我。"

尽管鸳鸯信守诺言，没有告诉别人，但这件事还是被贾府的人知道了。司棋被赶出了贾府，她又羞又气，最后自杀了。

汉字大玩家

"耳鬓厮磨"是带有人体部位的成语，像这样的成语还有很多，试着填一填。

提（　）吊（　）　（　）聪（　）明

（　）灵（　）巧　七（　）八（　）

[fàng dàng bù jī]

放荡不羁

行动随便，不受约束。

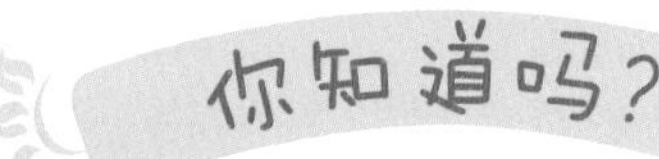

“羁”由三个字组成，分别是“罒”“革”和“马”。看，“罒”就像一张大大的网，把马头牢牢地络住。这张网是由什么制作而成的呢？对了，是用“革”，用皮革做的网一定非常牢固，可以让马儿乖乖听话。这张用皮革制作而成、可以牢牢裹住马头的网就叫“羁”。“羁”的本义就是马笼头，引申为捆绑、拘束、拘禁。

少以才学知名，而放荡不羁，州府辟命皆不就。

〔唐〕房玄龄《晋书 · 王长文传》

疯疯癫癫的名士

阮籍，三国时期魏国人。他个性鲜明，放荡不羁，喜欢喝酒，整天醉醺醺的。普通人看他，都觉得他疯疯癫癫的。

阮籍喜欢长啸，还喜欢早上起来散步，走到无路可走的时候，他就坐下来大哭。这就是“穷途而哭”的典故。

阮籍表面上不遵守礼法，任性胡为。他的母亲去世了，所有的亲朋好友都来吊丧，可是他却披头散发地坐在床上，叉着两条腿，一滴眼泪都不流。丧事办完，大家都骂阮籍，说他是不孝顺的人。可是，等到所有的宾客走光了，阮籍蒸了一只小猪吃，又狂饮了几斗酒，号啕大哭说：“我以后没有了母亲，该怎么办呢？”他悲痛至极，吐了好多血。

这些富有传奇色彩的故事，让我们看到了一个富有个性却不乏深情的名士的风采。

[fù fěi]

腹

嘴上虽然不说，心里却认为不对。

你知道吗？

诽，繁体字由“言”+“非”组成，最初只是表示对某种行事持有不同意见，在背后指摘其失误，没有恶意中伤的含义。与现代汉语中常用的“诽谤”之义，在激烈程度上有所区别。

举个例子

我试一反省，觉得对于时事，即使未尝动笔，有时也不免于腹诽。

鲁迅《二心集 · 序言》

腹诽罪

腹诽罪是汉朝的一个罪名，始作俑者是武帝时有名的酷吏张汤。

公元前 117 年，国库空虚。汉武帝与负责监察百官的御史大夫张汤商量发行“白鹿皮币”来敛财。白鹿皮币是用白鹿皮包着白玉，一张币价值四十万钱。亲王贵族面见皇帝时，都要购买才能成行。武帝征求主管全国财政经济的大司农颜异的意见，颜异提出不同看法，武帝听后很不高兴。张汤本来就与颜异有矛盾，就暗中指使手下告发颜异，说颜异会见客人，客人说皇帝的新币制不太可行，颜异没有回答，但嘴唇却微微撇了撇。于是张汤上奏汉武帝，说颜异身为九卿，看到法令有不妥当之处，不是直接对天子讲，而是在肚子里诽谤，其罪是死罪。颜异成为死于腹诽罪的第一人。

在我国古代专制政体之下，任何违背君主意旨的言行，都可能被处以重罪。在肚子里“诽谤”皇帝，尽管批评尚未出口，统治者仅凭自己的臆断，就可以给予严厉的制裁。汉代以后的立法之中，不见得有腹诽的具体罪名，但是，历代统治者借此杀人的不在少数。

[háo yóu]

蚝油

用牡蛎的肉制成的浓汁，供调味用。蚝，牡蛎。

你知道吗？

唐代刘恂在《岭表录异》中记载：“蚝，即牡蛎也，其初生海岛边，如拳石，四面渐长，有高一二丈者，巉（chán）岩如山。”意思是蚝生长在海边，小的时候圆圆的，只有拳头那么大，后来四周渐渐越长越多，聚积在一起，有的竟然长到三至六米高，就像高峻险要的大山。

举个例子

在作料碗里加上香油，加上碎花生米、香菜末、青椒丝、蚝油、醋、味精和盐，调匀，从锅里不拘什么拿起一串来，蘸着作料送入口中，那感觉，啧啧，我又流口水了。

慕容雪村《吃遍中国》

汉字故事会

蚝油的诞生

1888 年的一天，在广东省珠江口的小乡村里，一家小小的家庭作坊悄然成立了，主要出售一种新款的调味料——蚝油。作坊的主人叫李锦裳，广东人，很小的时候父亲就去世了，与母亲相依为命。一次，李锦裳因为见义勇为得罪了当地恶霸，被百般刁难，于是不得不背井离乡，辗转来到珠海南水定居。南水是珠江口一个小岛屿，盛产蚝。李锦裳为补贴生计，就开了一间小小的茶寮，在小茶寮里煮蚝出售。

一天，李锦裳因为去忙别的事情忘记了正在煮着的蚝，很长时间过去了，厨房里传来一阵阵浓烈的香味，他赶忙跑回来，心里想：糟糕，恐怕要煮煳了！他赶紧揭开锅盖一看，呈现在眼前的竟是厚厚一层沉于锅底、色泽棕褐的浓稠汁液，香郁扑鼻，引人食欲。于是他随意蘸了一点品尝："哇，真是美味极了！"一种新的调味品——蚝油就这样诞生了，真是"无心插柳柳成荫"啊！李锦裳抓住了这个机会，专门熬制蚝油出售，并开创了"李锦记"品牌。

[hé xù]

和 煦

温暖，有时也形容音调平和。

你知道吗？

“煦”在小篆的写法是“𤑕”，形旁“火”居左下，从小篆到楷书的演变过程中，字形略有变化，“火”演变成了“灬”，居于字的下部。“煦”意思是温暖、暖和，也用来指日出时的霞光。“和煦”中的“煦”就是“暖和”之义。试想，杨柳依依，春风和煦，阳光普照，一派春意盎然的样子，该是多么美好啊！

举个例子

风暖莺娇，露浓花重，天气和煦。

〔宋〕解昉《永遇乐 · 春情》

汉字故事会

孔子的理想生活

一日，和煦的春光下，子路、曾皙、冉有、公西华四个人陪孔子坐着。曾皙看阳光明媚，鸟语花香，觉得不能辜负了这大好春光，于是开始弹瑟。

在琴声中，孔子问他的几个弟子有什么生活的志趣。子路、冉有和公西华都先后谈了自己的想法。这时轮到曾皙了，只见他弹瑟的声音逐渐放慢，接着"铿"的一声，离开瑟站起来说："如果能在暮春三月，穿上春天的衣服，同五六个青年，六七个少年，去沂河里沐浴，在舞雩台上吹风，再一路唱着歌走回来，那该是多么美好的事啊！"孔子点头，露出赞许的目光。其他学生露出疑惑的神情，孔子笑着解释道："这样一幅春日郊游图也正是我所向往的，因为这是百姓安居乐业、悠闲自在的体现。"大家恍然大悟。是啊，人们无忧无虑，自由自在，能享受到春的和煦，歌的嘹亮，不必担心战乱，这才是快乐的、充实的生活啊！

[huā li hú shào]

花里胡哨

形容颜色过分鲜艳繁杂，比喻浮华不实。

你知道吗？

“花”是象形字。它的样子就像花朵开放在柔软的花茎上，枝繁叶茂，婀娜多姿。“花”的本义是花朵，后来有了虚伪的、迷惑人的这种含义，比如花招、花里胡哨等。

“花”的篆书

举个例子

一同进到房里，见满桌堆着都是选的刻本文章，红笔对的样，花里胡哨的。

〔清〕吴敬梓《儒林外史》

汉字故事会

“要贴到人物来写”

汪曾祺是中国当代著名作家、散文家、戏剧家，他在短篇小说创作上很有成就。1939年，他考入西南联大中文系，成为著名作家沈从文先生的入室弟子。沈从文先生关于文学创作的观点，深深影响了汪曾祺的一生。

一天，汪曾祺写了一篇含有许多对话的小说。他绞尽脑汁，竭力把对话写得如诗歌一样美妙，同时富有哲理。完成了佳作，他兴冲冲地拿去给老师过目，沈从文却冷静地告诉他：“你这不是对话，是两个聪明脑壳打架！”汪曾祺这才醒悟过来，对话就是人物所说的那些普普通通的话，有了哲理和诗意，反而显得不真实了。

沈从文还经常强调“要贴到人物来写”，很多人不明白。汪曾祺解释老师的话说：在写作时，作者的心要随时紧贴着人物。作者的心如果贴不住人物，笔下就会浮、泛、飘、滑，花里胡哨，故弄玄虚，失去了诚意。

汪曾祺牢记老师的教诲，他的散文平淡质朴，娓娓道来，就像在和读者亲切地话家常一样，因而具有很高的艺术品位和欣赏价值。

[jì rì chéng gōng]

计日程功

工作进度或成效可以按日计算，形容进展快，有把握按时完成。

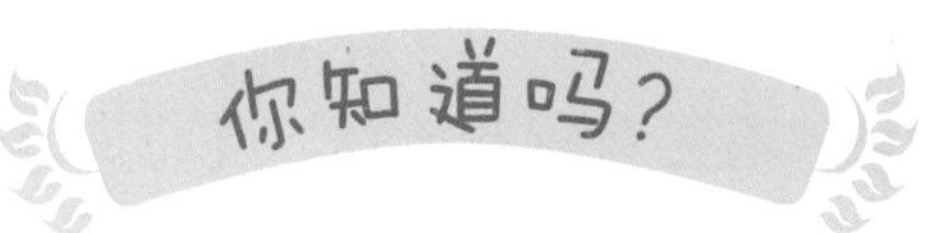

在古代，“程”是度量衡的总称。引申为“路程”之后，就出现了很多相关的词语，比如：汽车行驶的路程叫车程，飞机飞行的路程叫航程，返乡的路程叫乡程，前面的路程叫前程。

举个例子

中国的兴盛是计日程功的。

〔清〕梁启超《中国法理学发达史论》

汉字故事会

王献之和十八缸水

王献之是王羲之的第七个儿子，他自幼聪明好学，七岁就开始学书法。

一天，小献之问母亲：“我的书法只要再写上三年，就学好了吧？”母亲摇摇头。“五年总行了吧？”母亲又摇摇头。献之急了：“那您说要学多长时间？”母亲语重心长地说：“写完院里这十八缸水，你的字才能力透纸背、入木三分。”

王献之一咬牙，又练了五年。他把一大堆写好的字给父亲看，希望听到几句表扬的话。谁知王羲之一个劲儿地摇头，只在“大”字下面加了一点，就把字稿全部退还给了献之。小献之仍然不服，又将习字抱给母亲看，并说：“我按照父亲的字又练了五年，您看看，我和父亲的字还有什么不同？”母亲认真地看了三天，最后指着王羲之在“大”字下加的那个点儿，叹了口气说：“吾儿磨尽三缸水，惟有一点似羲之。”

献之听后泄气了，说：“难啊！这样下去，啥时候才能有好结果呢？”母亲鼓励他说：“孩子，你只要像这几年一样坚持不懈地练下去，就一定会达到目的的！”

献之听完后深受触动，又锲而不舍地练了下去。功夫不负有心人，献之练字用尽了十八缸水，计日程功，在书法上突飞猛进。后来，他和王羲之并列，被人们称为“二王”。

[jū xīn pǒ cè]

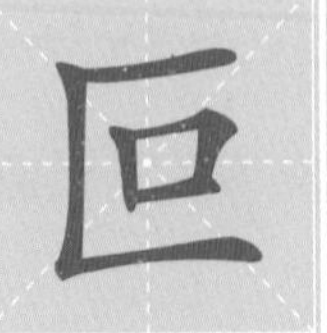

心存险恶，不可推测。

你知道吗？

“叵”的小篆，“可”的小篆，“叵”的方向正好与“可”相反，表示“不可”的意思。利用“可”字的反体表示“不可”的意思，这也是古人造字的一种方法。

曹操心怀叵测，叔父若往，恐遭其害。

〔明〕罗贯中《三国演义》

楼缓伏计背赵王

战国时期，赵王派大夫楼缓出使外国。当时楼缓已心怀叵测，可他却假惺惺地对赵王说："大王把这么重要的外交重任交给臣，臣一定誓死效忠大王。"

赵王很受感动，他说："那就请你不要食言，实践你的承诺，我等你早日归来。"

楼缓听了流着泪，跪着说："臣出使他国，并不考虑保全性命。可是臣顾虑离开之后臣在赵国的声誉。"

赵王不明白。楼缓解释道："臣不求苟且偷生，却追求美好的名誉。臣离开赵国后，肯定会有很多嫉恨臣的人散布恶言诽谤，猜疑臣里通外国。如果大王您轻信他人之言，那么受害的人是臣，您说到那时臣能回赵国吗？"

赵王听后，非常诚恳地对楼缓说："你放心吧，我决不会听信任何谣言。"

楼缓便离开赵国逃到魏国去了，并赠送魏王很多贵重礼物。

消息传来，赵王不仅不信，还说："我向楼缓发过誓，决不相信任何传言。"

明明被居心叵测的楼缓欺骗了，赵王却还执迷不悟，这在历史上也是不多见的。

[juàn yǒng]

隽

言语、诗文等意味深长，耐人寻味。

你知道吗？

“隽”的篆书写成“”，上面是“雀（隹）”，“隹”是一只鸟，它的头向左歪着，身上还有四支羽毛。下面是“弓”，后来在演变过程中被写成了“乃”。用弓来射鸟，所以这个字的本义是鸟肉肥美，味道很好。

大使馆是租住的，陈设相当堂皇。喝一盏盖碗的中国茶，特别感觉着隽永。

郭沫若《苏联纪行》

汉字故事会

一字之师

民间传说中，苏东坡有个聪明的妹妹叫苏小妹。一次妹妹出题考哥哥，让哥哥在“轻风细柳”和“淡月梅花”之中各加一个动词。苏东坡不假思索，张口就来：前句加“摇”，后句加“映”，即成为“轻风摇细柳，淡月映梅花”。不料苏小妹轻蔑地说：“下品。”苏东坡思索一番后，又改成：“轻风舞细柳，淡月隐梅花。”苏小妹微笑着说：“仍算不得上品。”苏东坡冥思苦想，还是想不出更好的诗句来。

苏小妹不慌不忙，轻轻念出了两句：“轻风扶细柳，淡月失梅花。”苏东坡吟诵之后，不禁拍案叫绝。清风徐徐，若有若无，细柳摇动并不明显，只有“扶”字才能恰到好处地描绘出柳枝飘舞的样子。苏东坡的“摇”“舞”应该与“狂风”相配才妥帖。既然月光已经洒满大地，梅花自然就没有白天那么显眼了。这个“失”字，勾画出了月色和花色相互交融的情景，比苏东坡的“映”“隐”恰当了许多。

[lián mèi]

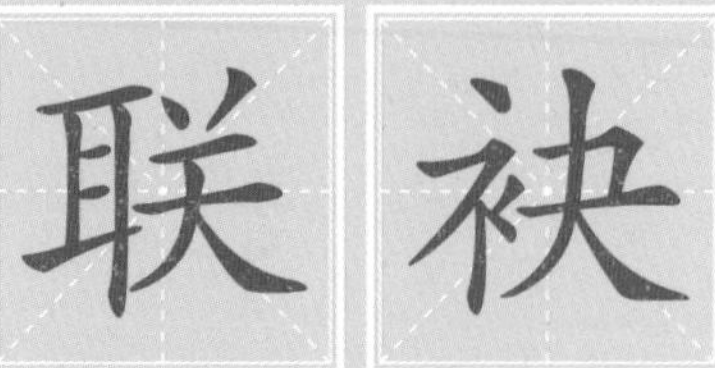

手拉着手，一同（来、去等）。

你知道吗？

“袂”本义是衣袖或袖口。人们常说的衣袂飘飘，指的就是跳舞时衣袖随风翻飞飘摆、特别好看的样子。“联袂”后来由衣袖相连引申为手拉手、肩并肩的状态。唐朝柳宗元有诗“联袂度危桥”，表示联手做某件事情，有团结一致的意思。

举个例子

九月初三日，联袂乘车赴张家口，布置起事。

邹鲁《张家口举义》

刘白之义

白居易、刘禹锡都是唐代有名的大诗人，他们同一年出生，还一起在朝廷担任重要官职，是非常要好的朋友。

有一年的正月初一（元日），年迈的白居易一大早便去看望刘禹锡。两个老朋友在一起喜逢新年，怎么能少得了酒呢？只见主人刘禹锡将早已备好的酒壶拿起，热情地斟满了杯。

白居易端起酒杯，开玩笑似的说："出行的时候，我俩经常手拉着手，肩并着肩，我们还是同岁，你说这杯酒应该谁先喝呢？"

刘禹锡听了，哈哈大笑说："门巷扫残雪，林园惊早梅。与君同甲子，寿酒让先杯。"小读者们，你们读懂这首诗的意思了吗？刘禹锡最后还是让白居易先饮了一杯。

他们像这样一唱一和、联袂作诗的例子，据史料记载，共有一百多次呢。在一次次的诗歌唱和中，白居易和刘禹锡总能在不经意间流露出对彼此的关怀和爱护，白居易还将自己与刘禹锡的唱和诗编成了《刘白唱和集》。他们这份深厚的友情不仅成为当时的一段佳话，也被后人广为流传。

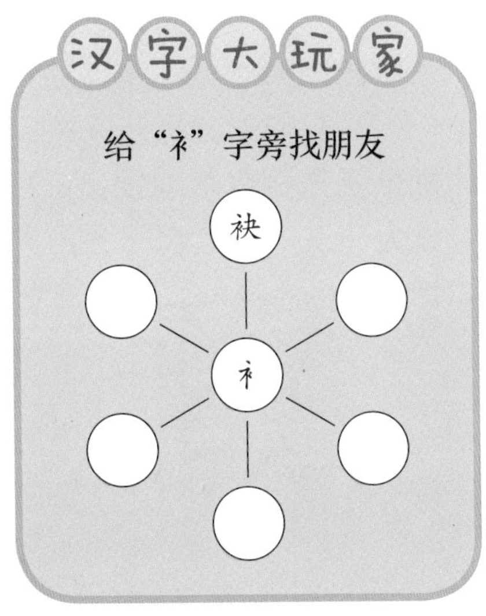

[páng bó]

气势盛大，广大无边。

“磅”是形声字，形旁是“石”，指比较大的山崖和石头，声旁是“旁”，它的读音听着就像石头落地时发出的响声“砰”，所以“磅”的意思就是石头落地发出的巨响。“礴”也是形声字，声旁“薄”，意思为冲击。古人在写名山大川时特别喜欢用“磅礴”这个词，比如晋代陆机《挽歌》：“磅礴立四极，穹隆放苍天。”

举个例子

五岭逶迤腾细浪，乌蒙磅礴走泥丸。

毛泽东《七律 · 长征》

汉字故事会

七 德 舞

《七德舞》是唐代最著名的一部集歌、舞、乐于一体的大型综合性宫廷乐舞。公元620年，秦王李世民打败了叛军刘武周，巩固了刚建立的唐政权，为了向子孙后代讲述开国与治国安邦的艰辛历程，唐太宗亲自设计《秦王破阵乐舞图》，后来每逢国家有重要活动，都会表演。

演出时，一百二十多个演员，身上披着坚硬厚重的铠甲，手里紧握锋利的长矛，在浑厚的阵阵鼓声中，一边齐声高呼，发出震耳欲聋的冲锋声，一边挺立胸脯目光如炬，模仿军营战士上阵杀敌时纵横捭阖的动作，雄赳赳气昂昂，气势磅礴。同时有大型的宫廷乐队伴奏，大鼓震天响，传声上百里。

后来白居易观舞听歌，被歌舞磅礴的气势所震撼，他了解了乐曲的含义，按捺不住创作冲动，作诗《七德舞》，歌颂唐太宗李世民的种种功绩。可惜，中唐以后崇尚萎靡奢侈之风，七德舞也就没有人去表演和观看，最后消失不见了。

[péng hāo]

茼蒿。也指飞蓬和蒿子，借指草野。

你知道吗？

“蓬蒿”是一种可食用的、个头比较高的草本植物，又名茼蒿。可要是把它拆分开来，“蓬”和“蒿”又是两种完全不同的植物！“蓬”指“飞蓬”，是一种头重脚轻的野草，经常会被大风吹得连根拔起，漫天飞扬。能飞的蓬草，自然就是“飞蓬”了。“蒿”指“蒿子”，蒿叶表面有一层白色的绒毛，柔软而光滑，整张叶片呈狭长形，周围还有锯齿般的纹路。植物世界的奥秘真不少！

仰天大笑出门去，我辈岂是蓬蒿人。

〔唐〕李白《南陵别儿童入京》

李白与蓬蒿

李白，字太白，号青莲居士，是唐代伟大的浪漫主义诗人。他有远大的抱负，想要在政治上有所作为，但在很长一段时间里都没有施展才华的机会。

天宝元年（742），李白收到唐玄宗让他入京的诏书，非常高兴。他赶往南陵的家中，与家人告别。回到家已是深秋时节，到处充满着丰收的气息。李白一进家门就吩咐童仆杀鸡备酒，一边畅饮，一边高歌。喝到酣畅淋漓时，还起身舞剑。在喜悦之时，他想到了晚年得志的朱买臣。青年时期的朱买臣十分贫穷，以卖柴为生。他的妻子嫌他穷，弃他而去。后来朱买臣得到了汉武帝的重用，做了会稽太守。李白认为自己就和朱买臣一样，到了长安就可以实现自己的政治抱负。想到这里，他便仰着头，大笑着走出门去，自信满满地说："我满腹经纶，怎么可能被埋没民间？"这就是李白的千古名句"仰天大笑出门去，我辈岂是蓬蒿人"的出处。诗中的"蓬蒿人"，指的是生活在草野间的平凡人。

[qiè yì]

惬意

满意；称心；舒服。

你知道吗？

“惬”小篆写做“”，是“心”字底，后来人们把“心”字底写到字的左边，成了“竖心”旁。仔细看古字的这个“”，是不是很像心脏呢？因为古人认为人的情感和想法都是从心里产生的，所以与情感、思想有关的字都是“竖心”旁。聪明的你肯定想到了忘、愁、忧、恼等字，“心”旁字可是一个庞大的家族呢！

天下莫不惬意。

〔元〕刘祁《归潜志》

汉字故事会

像蝴蝶一样惬意

庄子是战国中期著名的思想家、哲学家和文学家。

当时，楚威王非常仰慕庄子，想要请他来楚国辅佐自己，于是派使者带着珍贵的礼物前去请庄子，没想到一连两次都被拒绝了。楚威王不甘心，便派使者第三次前去，并许诺给庄子更高的官位。

使者这次到庄子家里，正赶上庄子午睡，便恭敬地站在一旁等着。过了很久，庄子终于悠然醒来，看见使者站在旁边，便说："刚才我梦见自己变成了一只蝴蝶，惬意地在空中飞来飞去，自在极了。"

使者怕庄子又要拒绝他，连忙说："那只是梦啊，梦里您变成了蝴蝶，但醒来您还是庄子呀，楚国还有高位等着您呢！"

庄子大笑着说："为什么是庄子做梦变成了蝴蝶，而不是蝴蝶做梦变成了庄子呢？也许你和我现在都在梦中呢！"

使者明白了庄子的意思，失望地回到楚国，向楚威王转述了庄子的话。楚威王恍然大悟，说："庄子认为世间的功名利禄，像是做梦化蝶般，都是一场空啊！他看穿了人生如梦的真谛，难怪他不肯来做官。"

汉字大玩家

你能为这些带"心（𢖩）"字旁的篆字找到正确的简体字吗？

（篆字四个）

性　　愁　　忧　　志

[qīng tiāo]

轻佻

（言语、举动等）不庄重，不严肃。

你知道吗？

“佻”原指轻薄、放纵、不庄重，引申为窃取。生活中如果有人说话随便，举止轻浮，就可以用“轻佻”形容。那么，请你想一想，还有什么词可以用来形容这样的人呢？对了，还有轻率、轻薄、轻浮、放荡等词。与“轻佻”意思相反的词有稳重、沉稳、庄重、严肃等。

他有时也会原谅这个还没有出嫁的漂亮而轻佻的姑娘。

周克芹《许茂和他的女儿们》

胡姬谢绝冯子都

东汉时期，洛阳有许多当垆卖酒的西域美女，被称为“胡姬”。

有一天，春光明媚，美丽的胡姬在门前卖酒。霍将军的门客冯子都驾着马车来到胡姬的酒坊，他派头很大，一进酒坊，就直接走到胡姬身旁，向她要上等美酒，胡姬就提着玉壶给他倒酒。过了一会儿，他又走近胡姬，向她要上品菜肴，胡姬就用考究的金盘盛了鲤鱼肉端到他的面前。酒足饭饱之后，冯子都渐渐轻佻起来，他赠送给胡姬一面青铜镜，并把青铜镜系在胡姬的红罗带上。这时，胡姬当场扯断红罗带，将铜镜还回，不卑不亢地说道：“男人总是宠爱新妇，女子却永远看重现在的爱人，我不会因为贫穷而嫌弃他。多谢你的好意，不要再空费心思！”冯子都听后，尴尬地离开了。

这个故事来自汉代诗人辛延年的叙事诗《羽林郎》。

[shēng míng què qǐ]

声名鹊起

形容名声突然大振，知名度迅速提高。

你知道吗？

“雀”和“鹊”都是常见的鸟，但它们各有特点，由此也影响到了相关词语的意义。比如，麻雀飞不高，喜欢蹦蹦跳跳，所以用在“欢呼雀跃”中表示高兴的样子；但喜鹊一飞冲天，因此用在“声名鹊起”这个成语里，形容飞起、兴起。

后来孙中山先后在澳门和广州行医了。很奇怪，不满两三月，声名鹊起，几乎没有一个人不耳闻其名，极端钦佩的。

陈少白《兴中会革命史要》

汉字故事会

祖莹偷读

祖莹，字元珍，是北魏著名的文学家。他喜欢学习，迷恋读书，经常不分昼夜地刻苦学习。他的父母怕他太辛苦，会生病，禁止他读书。他就经常偷偷地藏着蜡烛，等到父母睡着之后，点燃蜡烛读书。他担心蜡烛漏光，被家里人发觉，就用衣服遮盖住窗户。

一天，中书博士张天龙主讲《尚书》，聘请祖莹为助手。这天早上，学生们都集中在一起准备听讲。祖莹却因夜晚读书太晚，过于疲劳，不知道天已大亮。催促他讲学的人已经很急迫了，祖莹匆忙中错拿了一本《曲礼》坐上了讲席。因博士张天龙要求非常严格，祖莹不敢再返回住所去换取《尚书》，于是就将《曲礼》放在面前。祖莹讲诵《尚书》三篇，没有遗漏一个字。讲完后，那个催促他的人感到很惊奇，就向博士张天龙说了情况，整个学舍都为之震惊。

从此以后，祖莹声名鹊起，大家都叫他“圣小儿”。

汉字大玩家

巧填诗词

月明星稀，(　　)南飞。绕树三匝，何枝可依？　　〔汉〕曹操《短歌行》

明月别枝(　　)，清风半夜鸣蝉。

〔宋〕辛弃疾《西江月》

[tān lán]

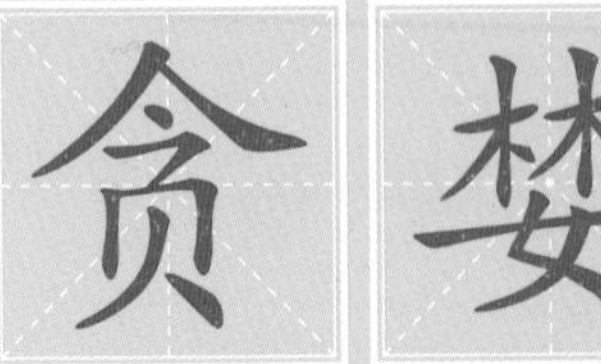

贪得无厌，也形容渴求而不知满足。

你知道吗？

“贪”形旁是“贝”，上古时代人们曾用贝壳做货币，所以用“贝”作形旁表示和钱财有关。“贪”的意思就是对钱财有占有的欲望。“婪”意思同“贪”。“贪”和“婪”组成词语，意思就是对金钱和物质财富有着超乎寻常的欲望，不择手段地求取财物。

举个例子

类乎好奇的一种欲望促迫着他，使他定睛直望，甚至带点贪婪的样子。

叶圣陶《倪焕之》

汉字故事会

人心不足蛇吞象

宋仁宗年间，有个叫王妄的人和母亲相依为命。有一天，他在拔草时救了一条蛇。一次，母亲晕了过去，蛇知恩图报，让王妄从自己身上取下三块小皮煮成汤给母亲喝下。母亲喝下汤后，很快苏醒过来，王妄相信这一定是一条非同寻常的蛇。

后来，宋仁宗想要一颗夜明珠。这件事被王妄知道了，他知道蛇的眼睛就是两颗夜明珠。于是他要求蛇挖出一只眼睛献给皇上，蛇忍痛同意了。王妄因此得到了高官厚禄。没想到，贵妃娘娘看到了这颗美丽的夜明珠后，也想要一颗，仁宗只好承诺将丞相之位给献出第二颗夜明珠的人。王妄心生贪念，立刻准备去取蛇的第二只眼睛。

蛇并不愿意，它劝王妄不要贪心，再挖一只眼睛自己就要瞎了！可是，王妄官迷心窍，根本听不进劝告。蛇见他如此贪婪残忍，只好一口把他吞进了肚子。

此后“人心不足蛇吞相”这个故事便越传越广，后来有人把宰相的“相”写成了大象的“象”。人们常用“人心不足蛇吞象”来形容贪婪无度之人。

[wèi yǔ chóu móu]

未雨绸缪

趁着天还没下雨，先修缮房屋和门窗。比喻事先做好准备。

你知道吗？

把几束丝线放在一起，若不加以梳理，就很容易出现丝线缠绕打结的现象。“绸”“缪”这两个字最开始都有紧紧缠绕的意思，后来引申为连绵不断、情意深切、事先准备等意思。“未雨绸缪”中的“绸缪”就是事先准备。

宜未雨而绸缪，毋临渴而掘井。

〔明〕朱柏庐《治家格言》

田 单 换 轴

战国时期，燕王派兵攻打齐国，燕国大将乐毅骁勇善战，很快就攻破了齐国的最后一道防线。

齐国的老百姓得知这个消息之后，都连忙收拾自己的东西准备逃跑。但有一个叫田单的人却没有着急，而是不慌不忙地对家人说：“快去，把我们马车的旧车轴全部锯下来，换上新的车轴。”家人一听就急了：“不行，燕国马上就攻进来了，哪还有时间弄这个，我们还是赶快跟着大王逃命去吧！”但是田单不为所动，坚持要更换车轴，家人无法，只得按照田单吩咐的去办。

出城的路上可谓是人山人海，大家都争路逃亡。很多人因此被踩踏，造成重伤，甚至有些马车因为互撞而轴毁车坏。这些人被燕军追上来，抓回去当了俘虏。只有田单一家因为他未雨绸缪，加固了车轴，而顺利地逃了出去。

“绸”“缪”两个字部首相同、意思相同，这样的词语还有哪些呢？写一写。

[xián shú]

熟练。

你知道吗？

“娴”指的是一种柔美文静的仪态，它是“女”字旁。“女”在甲骨文中写做“”，像一个女子，双手在胸前交叉，跪在地上的样子。女子在封建社会地位很卑微，所以，奴、婢、奸、娄等汉字用了“女”字旁；但也有一些“女”字旁的汉字含有美好的含义，比如娴、好、娟、婉等。

近有太行山李建忠、呼延赞，弓马娴熟，武艺超群；部士精健，不下数千。

〔明〕熊大木《杨家将》

庖丁解牛

战国时期，有一个叫阿丁的厨师，他宰牛的技艺极其娴熟。一次，他替梁惠王宰牛，只见他的刀子在牛骨缝里灵活地移动，没有一点障碍。那种皮肉与筋骨剥离的声音，和他运刀的动作互相配合，是那样和谐一致、美妙动人。

梁惠王大加赞赏，问他："你的技术怎么会高明到这种程度呢？"阿丁放下刀子回答："我所探究的是自然的规律，这已经超过了对于宰牛技术的追求。我刚开始宰牛的时候，对于牛的身体结构还不了解，看见的是整头牛。三年之后，见到的是牛内部的肌理筋骨，再也看不见整头牛了。现在宰牛的时候，只用意念去接触牛的身体就可以了，而不必用眼睛去看。我的这把刀已经用了 19 年，杀过的牛不下千头，自然也就游刃有余了。"

古时候，人们常常把人的职业加在他的名字之前，因此阿丁又叫做"庖丁"，"庖"就是厨师的意思。

"庖丁解牛"这个成语常用来比喻经过反复实践，掌握了事物的客观规律，做事得心应手，运用自如。

[xián xì]

嫌隙

彼此因猜疑或不满而产生的恶感、仇怨。

你知道吗？

“隙”字的右边“𡭴”，甲骨文写做“”，像墙壁中透出亮光，表示这里有空隙。篆书给它加了一个偏旁，写做“”，强调是墙壁的裂缝。后来，从“裂缝”这个含义中引申出情感上的裂痕、隔阂或怨恨之义。

宋代的刘攽，就因为生平最爱嘲笑别人，以致引起当时像王安石那样的当权人物极大不满，造成很深的嫌隙。

马南邨《燕山夜话》

嫉妒生嫌隙　七步化危机

曹植是曹操的小儿子，从小就才华出众，很受曹操的喜爱。曹操死后，曹植的哥哥曹丕当上了魏国的皇帝。曹丕是一个嫉妒心很重的人，他担心弟弟会威胁到自己的皇位，因而对曹植心生嫌隙，就想害死他。当时，朝廷派去监视曹植的官员向曹丕禀报，说曹植在封地一天到晚喝酒，听闻先王去世的消息之后一点悲伤的样子都没有，面对朝廷的使节也傲慢无礼。曹丕听闻之后心中暗喜，欲加之罪，何患无辞，曹丕很快又收集到曹植的许多罪状。

有一天，曹丕叫曹植到自己面前来，让他在七步之内作出一首诗，以证明他写诗的才华，如果写不出，就等于是在欺骗皇上，要把他处死。曹植知道哥哥存心要害死他，既伤心又愤怒，他强忍着心中的悲痛，努力地思考着。果然，他在七步之内作了一首诗，当场念了出来："煮豆燃豆萁，豆在釜中泣。本是同根生，相煎何太急？"这就是后来脍炙人口的《七步诗》。诗中曹植把曹丕比做豆秸，把自己比做豆子，比喻兄弟本为手足，不应互相猜忌与怨恨。曹丕听曹植念完了诗，觉得脸上热辣辣的，羞愧万分。

[xiāo xióng]

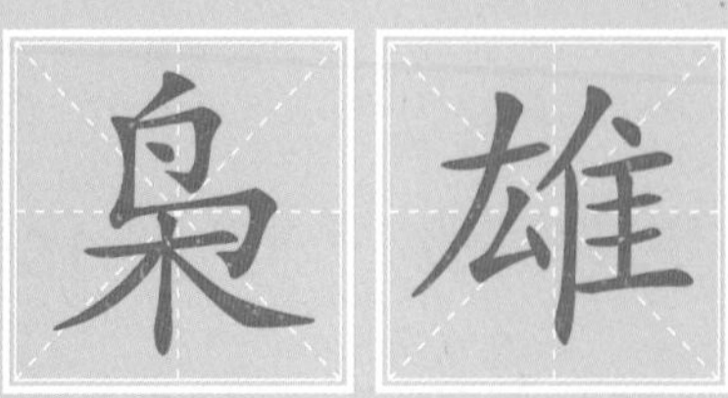

强横而有野心的人物；智勇杰出的人物；魁首。

你知道吗？

“枭”是一个会意字。上半部分是“鸟”少了一横，看起来像是只小鸟失去了身体的一部分，下半部分是“木”。为什么人们要把这只鸟儿残缺的尸体挂在树上呢？原来，在古时候，“枭”指的是一种恶鸟，小的时候由其母鸟哺育，长大后啄食其母，故又称“不孝鸟”。所以人们捉到这种恶鸟之后，就把它杀死，并把它的头挂在树上。这就是“枭”的来历。

举个例子

备乃世之枭雄。

〔明〕罗贯中《三国演义》

三 顾 茅 庐

官渡大战后，有人告诉刘备，南阳卧龙岗有个奇才叫诸葛亮，谁能得到他的帮助，就可以得到天下。

第二天，刘备和关羽、张飞去南阳拜访诸葛亮，谁知诸葛亮正巧不在家，刘备他们只好失望地回去了。后来，刘备听说诸葛亮回来了，就急忙带着关羽和张飞再一次去拜访。那时正是冬天，北风呼呼地刮着，天上下着大雪。他们冒着雪，走了很远的路，希望能用自己的诚意打动诸葛亮。可是这一次诸葛亮又没在家，他们只好再一次离开了诸葛亮的茅屋。

转眼过了新年，刘备想再去一次卧龙岗，关羽和张飞都劝他不要去了，刘备却说："对于有才能的人，就要用尊敬的态度。"这次，诸葛亮正好在睡觉。刘备让关羽、张飞在门外等候，自己在台阶下静静地站着。过了很长时间，诸葛亮才醒来，刘备赶紧向他请教平定天下的办法。

诸葛亮被刘备的诚意打动，在此后的几十年里，他用自己的才智帮助刘备壮大蜀汉政权，刘备也成了一代枭雄。

[xiào yè]

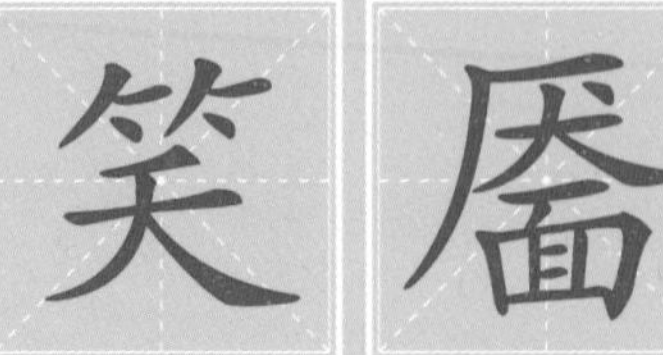

酒窝，也指笑脸。

你知道吗?

“靥”是形声字，形旁是“面”，声旁是“厌”。我们常说“笑靥如花”这个词，就是说女孩子的笑脸像花朵一样。《红楼梦》里有个林黛玉，她多愁多病，曹雪芹说她“态生两靥之愁”，意思是她两腮的酒窝里都装着忧愁。

笑起来的时候，面上有两颗笑靥。

郁达夫《沉沦》

汉字故事会

才貌双全的班婕妤

班婕妤是汉成帝的妃子，也是历史上为数不多的女文学家之一。她是西汉史学家班固、才女班超的姑母。班婕妤出身名门，父亲是汉代的名将，因为她才华出众，貌美如花，一进宫便受到了汉成帝的青睐，很快被选为婕妤。

班婕妤擅长辞赋，通晓史书，汉成帝心情烦闷时，班婕妤常常用故事来为他缓解压力。汉成帝见班婕妤笑靥如花，才德兼备，甚是欢喜，就想让人制造一架特别大的双人车辇，方便自己和班婕妤一同出游，形影不离。可是班婕妤听说后，却严肃地对汉成帝说："古时候的国君身边坐的都是名臣，只有昏君身边才经常坐着美女，就像周幽王和商纣王。"汉成帝听了，非常惭愧，打消了这个念头。

当时的太后听说了这件事，夸奖班婕妤说："古有樊姬，今有班婕妤。"樊姬是春秋时期楚庄王的王后，也是一位非常有德行的王后。

小链接

在唐代有一种叫面靥的妆容，就是在脸颊上画出新月的样子，钱币的样子，或者花卉的样子。这种化妆法在当时很流行。

[xiè hòu]

偶然遇见；不期而遇。

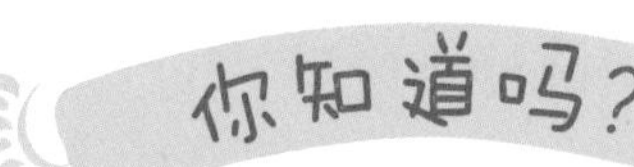

在汉语中，有一种词叫联绵词，指的是两个音节连缀成义而不能拆开的词。构成联绵词的两个字，一般不能拆开使用，也不能拆开解释。比如邂逅就是联绵词。大家熟悉的联绵词还有：枇杷、葡萄、蚂蚁、蝌蚪、仿佛、徘徊、汹涌、垃圾，等等。

举个例子

这广坦的荒原，使我想起了我们从广州退出时在柳江船上邂逅的一个旅伴。

夏衍《长途》

伍举邂逅声子

春秋时，楚国大夫伍举和蔡国大夫声子是好朋友。他们的父辈也是好友，两家是世交。

伍举的妻子，是王子牟的女儿。有一回，王子牟犯了罪，偷偷逃跑了。当时有人造谣说："王子牟畏罪潜逃，是他女婿伍举通风报信送他走的。"谣言传得越来越离谱，伍举只得躲到邻近的郑国。伍举在郑国，还是觉得不安全，准备再逃到晋国去。恰巧声子因公被派到晋国，经过郑国时，在郑国都城的郊外碰见了伍举。这一场邂逅，双方都出乎意料，非常高兴。于是，他俩席地而坐，伍举谈了自己逃出楚国的原因、经过和今后的打算。声子听了，为伍举打抱不平，说："你暂时在晋国住一段时间，我一定设法使你安全返回楚国。"

声子在晋国办完事，便来到楚国。声子向楚国的令尹（相当于宰相）子木指出楚国不善用人，人才流失，才被晋国打得大败，并趁机提了伍举的事，说完全是忌妒伍举的人恶意造谣，才吓走了难得的人才。子木当即下令，恢复伍举的名誉和爵位，派伍举的儿子去把他接了回来。

[yàn xiàn]

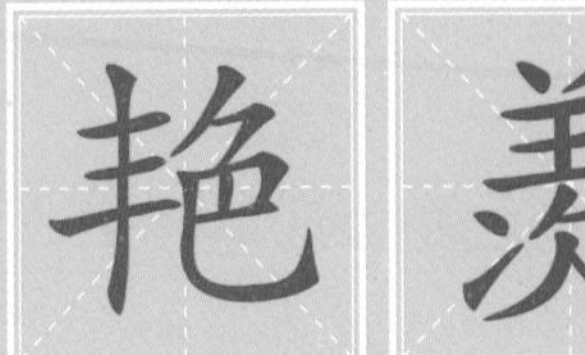

十分羡慕。

“艳”是会意字，左边是“丰”，右边是“色”，色彩丰富，鲜艳美丽，即为“艳”。这样有趣的会意字还有很多：双木并生为林，三人相聚为众，两人相随为从，两手分物为掰，日光照耀为晃，上小下大为尖，山中峡谷为峪，日月同辉为明。同学们，这样的会意字你还知道哪些呢？

汉字故事会

王羲之妙书春联

王羲之是东晋著名的书法家，被后人称为“书圣”。他的书法到了人人艳羡的境界。有一年，正值年终岁尾，王羲之书写了一副春联，让家人贴在大门两侧。对联是：“春风春雨春色，新年新岁新景。”

不料，此联刚一贴出，就被人趁着夜色揭走了。家人告诉王羲之后，王羲之也不生气，又提笔写了一副，让家人再贴出去。这副写的是：“莺啼北星，燕语南郊。”

谁知天明一看，对联又被人揭走了。可这天已是除夕，第二天就是大年初一，眼看左邻右舍门前都挂上了春联，惟独自己家门前空空落落，王夫人急得直催丈夫想个办法。

王羲之想了想，微微一笑，又提笔写了一副。写完后，让家人先将对联剪去一截，把上半截先张贴于门上。对联是：“福无双至，祸不单行。”

夜间果然又有人来偷对联。可那小偷在月色下一看，觉得这副对联写得很不吉利，只好叹口气溜走了。

第二天天刚亮，王羲之出门将昨天剪下的字分别贴好，此时已有不少人围观，大家一看，对联变成：“福无双至今朝至，祸不单行昨夜行。”

众人看了，齐声喝彩，拍掌称妙。

[yōu wò]

优厚。一般指待遇好。

你知道吗？

“渥”的偏旁是“氵”。“氵”可是个大家族，很多和水有关的字都带“氵”呢，例如：江、海、湖、河。“渥”也不例外，最早的时候它的意思是沾湿、浸润，后来才引申为厚、重。

很多人会把“优渥”的“渥”错写成“肥沃”的“沃”，那么这两个字该怎么区分呢？“沃”专指土地肥沃，而“渥”则指待遇、生活条件的丰厚。大家注意，可不要把“优渥”写成“优沃”呀！

过蒙拔擢（zhuó），宠命优渥。

〔西晋〕李密《陈情表》

汉字故事会

屈原洞中苦读

屈原，战国时期楚国人，是中国伟大的浪漫主义诗人之一，为我们留下了许多优秀的诗歌作品。

这位大诗人出身于楚国一个没落的贵族家庭，家境虽然比不上鼎盛时期，但也能让他衣食无忧、生活优渥。

屈原从小就对自己严格要求。冬日的一天，屈原在家中读书，由于屋子里特别暖和，不一会儿他就昏昏沉沉，打起了瞌睡。他想这样可不行，便决定到自家后山的山洞中去读书。家人听了他的想法，都极力反对，但屈原不顾家人的阻拦，带着书只身来到山里读书。冬天的山洞特别阴冷、潮湿，没过多久他的手脚就冻僵了，但他并没有离开，而是起身跺跺脚、搓搓手又继续读书。

就这样三年过去了，屈原坚持洞中苦读，终于把《诗经》读懂读透，这为他后来的诗歌创作奠定了坚实的基础。

汉字大玩家

观甲骨文写汉字

（　　）　（　　）　（　　）

[zhēn yán]

规谏劝诫的话。

你知道吗?

“箴”是形声字，形旁是“竹”，“箴”最初的意思是缝衣用的工具。缝衣用的工具为什么是“竹”字头？远古时代，我们祖先的缝衣工具不是铁磨制成的针，而是磨尖的竹子。进入铁器时代后，铁杵能磨成针了，才出现了“金”字旁的“鍼”，后又简化为“针”，于是缝衣的“箴”由“针”替代了。因“箴”刺入肌肤会产生疼痛的感觉，规劝的忠言也让人有刺耳的感觉，因此有“箴言”一词。

“友谊是人生最可贵的事。”我背诵一个罗马大哲人的箴言。

王西彦《古屋》

诤 臣 魏 徵

魏徵是唐太宗时期的宰相，他为人正直，敢于进谏。只要唐太宗有不对的地方，魏徵就会据理力争，犯颜直谏。

一次，唐太宗违反自己制定的 18 岁成年男子才须服兵役的规定，决定征召 16 岁以上、18 岁以下身材高大的男子从军。命令发出后，魏徵极力反对，唐太宗龙颜大怒。魏徵毫不畏惧，他十分严肃地劝诫：“您现在把强壮的中年男子都抽去服兵役，那么田由谁来种？工由谁来做？您常常讲，我当国君，首先要讲信用。可这次征召违反了规定，您在老百姓面前不是失去了信用吗？”

魏徵的一番话，把唐太宗的火气浇灭了。他心悦诚服地说：“先生，你真是我的一面镜子啊！我原先以为你太固执，现在听了你的话，觉得很有道理。政令前后不一，百姓不知所措，国家是无法治理得好的。”于是，唐太宗立刻下令停止征召。

敢于向皇帝谏直言、进箴言的魏徵不仅为国家立下了不朽功绩，也成了以后历朝历代官员效法的楷模。

[fā jiào]

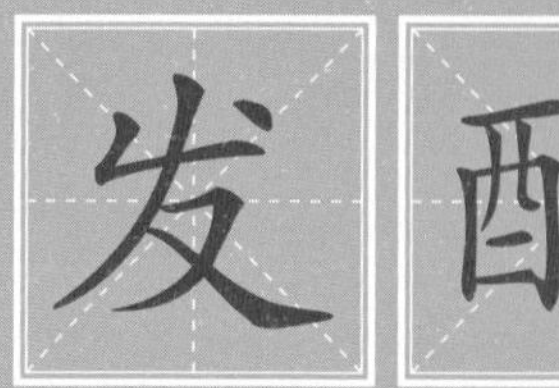

发酵

复杂的有机化合物在微生物的作用下分解成比较简单的物质。发面、酿酒等都是发酵的应用。多用来比喻事态持续发展。

你知道吗？

“酵”是“酉”字旁。你还知道哪些字是酉字旁吗？对了，还有“酣”“醉”“酌”等。“酉”是“酒”的本字。你看，甲骨文的“酉”像不像一个酒坛子？里面的横线像是酿在缸里的酒。

“酉”的甲骨文

举个例子

用酵四时不同，寒即多用，温即减之。

〔宋〕朱翼中《北山酒经》

白 银 如 意

相传明太祖朱元璋夺取了天下，大宴群臣。庆功宴上，朱元璋点了一道点心，叫“白银如意”。御厨房的师傅可被难倒了，只有皇后马娘娘心领神会。

原来，马娘娘和朱元璋一样都是贫苦出身。成婚后，马娘娘对朱元璋一心一意，二人感情也越来越深。马娘娘会做一款拿手的面食名叫“白银如意”，是用发酵的面粉和碱水揉匀，去掉酸味再掺上白糖急火蒸熟的，形状就像花朵绽开花瓣。朱元璋每次打完胜仗，马娘娘就做“白银如意”来慰劳他。

马娘娘熟知朱元璋的生活习惯，便传旨御厨房，告诉他们烹制方法，御厨房很快做出了“白银如意”。朱元璋吃后，赞不绝口。

据说这种面食代代相传，清末慈禧太后执政时，每日的早点还离不开“白银如意”呢！后来，这道美食传到民间，老百姓为了顺口，改叫做“开花馒头”。

[gǔ gěng zài hóu]

骨鲠在喉

“鲠”的意思是鱼骨头，“骨鲠在喉”的字面意思是指鱼骨头卡在喉咙里，比喻心里有话没有说出来，非常难受。

“骨”这个字是从“冎”字而来的。“冎”是象形字，就像骨架的形状。在战国时期，人们在“冎”字下面加“肉”，就成了小篆，再慢慢演化成今天我们所使用的字形。

战国 ——《说文》小篆 —— 汉 —— 楷书

举个例子

我如骨鲠在喉，不能不说几句话。

鲁迅《南腔北调集·论“赴难”和“逃难”》

骨鲠之臣鲁宗道

宋朝时期，有个叫鲁宗道的官员，不畏权贵，嫉恶如仇。因“鲁”字跟“鱼”字相近，权贵们便说他是“鱼头参政”，刺多，难对付。百姓则称他为“骨鲠之臣”。

京城里有户大地主，名叫陈子城，他平白无故打死雇工逃到外地去了。仁宗皇帝知道后大怒，下令捉拿逃犯。但是没过几天，宫中传出消息，要停止对陈子城的追捕。原来，陈子城通过有权势的说情人，用巨额贿赂皇太后身边的人。鲁宗道知道后，他立即朝见皇太后，说：“太后，陈子城是作恶多端的大地主，朝廷不应该庇护他。否则，将大大损害朝廷的威望。”皇太后听了这番话后很不高兴，心想：你区区一个副宰相，竟敢来责问我！因此，她板着脸反问道：“你怎么知道他是个大地主呢？”

鲁宗道毫不畏惧地答道：“如果陈子城不是大地主，他怎么会有那么多钱托人说情，又怎么会找到您身边的人呢？”听鲁宗道这么一说，皇太后才意识到事关重大，弄不好真会有损朝廷的威严。所以，她不得不下令从速办案，从重处理。

[guàn xǐ]

盥洗

古代一种礼仪形式，用水使手和酒器洁净，以示恭敬。现通常指洗手洗脸。

“盥”是洗手的意思，“盥”的古文字形 盥 就像一个人把两只手伸进装有水的器皿里，捧起水来清洗手上的污垢。上半部分的两边就是两只手，中间是水，下面则是一个可以盛水的器皿。

盥 —— 盥 —— 盥 —— 盥

春秋　《说文》小篆　汉　楷书

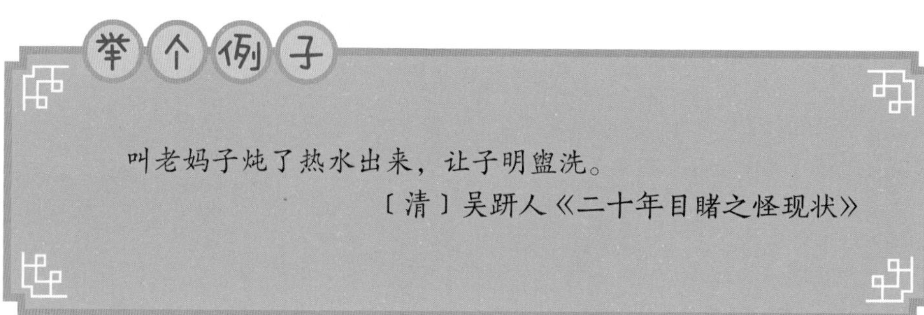

叫老妈子炖了热水出来，让子明盥洗。

〔清〕吴趼人《二十年目睹之怪现状》

重耳向怀嬴谢罪

晋文公，姓姬，名重耳，是春秋五霸中第二位霸主，与齐桓公并称“齐桓晋文”。但这位君主却在早年遭受自己的父亲晋献公的追杀，不得不出逃外国，这一逃便是19年。

有一年，重耳出逃至秦国，秦穆公喜爱重耳，有意把五个女子送给流亡的他作姬妾，秦穆公的女儿怀嬴也在其中。一次，怀嬴捧着盛水的器具让重耳盥洗，重耳洗完便挥手让怀嬴走开。这可能是贵公子的无意举动，但怀嬴却认为是重耳鄙视自己，因此她生气地说：“秦国和晋国是同等的，你为什么瞧不起我？”重耳此时正有求于秦国，希望秦国能帮助他重返晋国夺取权力，他哪敢得罪怀嬴呢？于是，重耳赶紧脱去衣服把自己关起来，表示向怀嬴谢罪。

汉字大玩家

洗头曰（　　），洗身曰（　　），洗手曰（　　），洗米曰（　　），洗足曰（　　），洗衣曰（　　），洗器曰（　　）。

[hāo cǎo]

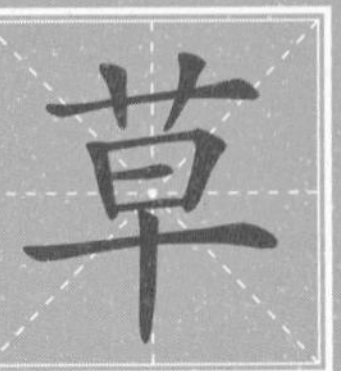

用手拔去杂草。

“薅”是形声字，形旁是“蓐”，声旁是“好”，在书写中省去了声旁中的“子”，只剩下“女”表示声旁。“薅”的意思是拔去田中杂草，后来泛指为“拔掉”，比如“薅师傅的胡子”，意思就是拔掉师傅的胡子。

薅草技术含量少，小孩也能做。一根木棍插在带有圆圈的铁片上就做成了薅草扒。薅草时，一手握住薅草扒，一手抓住杂草，用薅草扒割去杂草，十分简单。

地里有一群人在薅草，不知他们在乐什么，不时传过来格格的笑声。

草明《乘风破浪》

薅草锣鼓

薅草锣鼓，又称薅草号子，也叫打闹歌，是一种独特的民族民歌艺术形式。

重庆、贵州一带土家人每到薅草的季节，都会请两名歌手，一个击鼓，一个敲锣。此时，田地里必定聚集了几十到几百人，两名歌手站在薅草众人的后面，一人按节奏击鼓，一人应点敲锣，锣鼓间歇，歌声即起，轮流对唱，整日不歇。锣鼓声起起落落，节奏分明，人声与器乐交相辉映，诙谐幽默，场面甚是壮观。

薅草锣鼓的产生与当地的自然环境和劳动环境密切相关。土家族人生活的地方山大人稀，常常伴有猛兽出现。土家人为了协作生产，常常结伴成群，为了缓解劳动的烦闷，增加劳作积极性，并且吓退周围的野兽，土家族人想出了用锣鼓敲击、以歌声助兴的方式进行劳作。久而久之，形成了风格独具的薅草锣鼓。

经过酉阳县民族文化工作者的抢救、挖掘和整理，薅草锣鼓已走出土家山寨，走向了大江南北，也成为国家级非物质文化遗产《酉阳古歌》的重要组成部分。

[huáng tiān hòu tǔ]

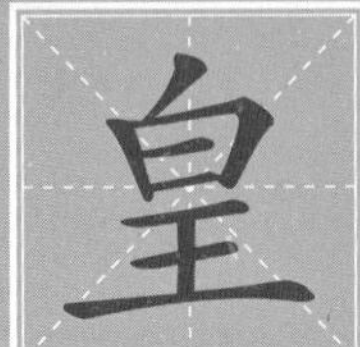
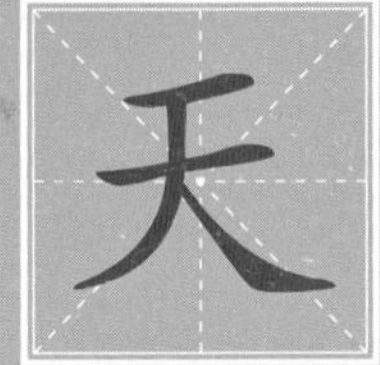
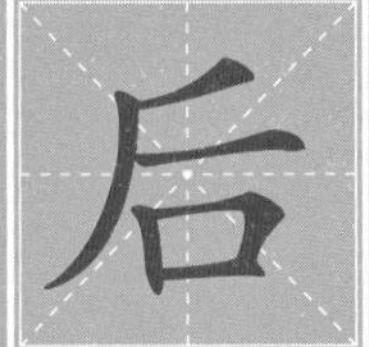
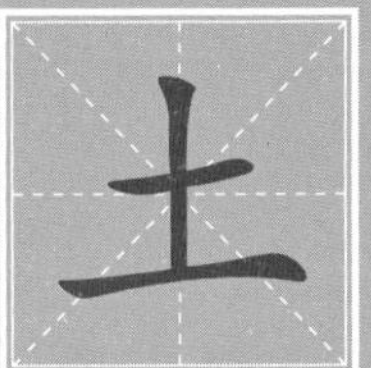

皇天后土

对天和地的尊称。古人认为天地能主持公道，主宰万物。

“后”的古文字形后，像一个人的形状，下面是一个口（口），有发号施令以告四方的意味，衍生出父子相继为帝王的意思。后土，指掌管土地的神灵。

举个例子

呜呼！丹之心事可以告之皇天后土而无憾矣。

〔清〕侯方域《太子丹论》

皇天后土为证

春秋时期，秦国发生粮荒，向晋国买粮。虽然秦国曾经给过晋国很大的帮助，但晋惠公却不肯将粮食卖给秦国。

秦穆公决定攻打晋国。面对强大的秦军，刚愎自用的晋惠公反而主动下战书。

晋国大臣们极度不满：这不是自取灭亡吗？开战了，大臣们不但袖手旁观，还处处解救秦穆公于危难之时。这一仗，晋国大败。

晋惠公被秦军俘虏，晋国的大夫们尾随在晋惠公的后面，惶惶然不知如何是好。秦穆公派人代表自己劝慰他们，说："各位何必担心呢？我带着你们国君返回秦国，不过是顺应天意，怎敢对他过分呢？晋惠公虽然忘恩负义，但是我们秦国也不会把大家作为俘虏带回国去。"

晋国大臣们纷纷叩头下拜说："贤君脚踏后土，头顶皇天，皇天后土都听到您的话。希望您说话算数。"后来，秦穆公果然把他们都放了。

[mài bó]

心脏收缩时，由于输出血液的冲击引起的动脉的跳动，医生可根据脉搏来诊断疾病。也比喻社会、生活等发展、变化的情况或趋势。

“搏”字最早有两种写法。细心的你肯定发现了，这两种写法偏旁不同，一个偏旁是“干”（Ұ），另一个偏旁是“戈”（戈）。其实，不论是“干”还是“戈”，都是武器的意思。古人认为与敌人搏斗的时候要带上武器才能事半功倍。后来在字形发展过程中“搏”的偏旁又慢慢地演变为提手旁了。

“搏”的古文字形

太医诊过了脉搏，知道脉已下沉，看来不中用的了，便屈着半膝，老实禀知了王皇后。

许啸天《明代宫闱（wéi）史》

神医华佗摸脉诊病

华佗是东汉末年著名的医学家。

一天早晨，有一位病人被家人急匆匆地抬到华佗的诊所里。当时，病人的肚子疼得非常厉害，面色苍白，两腿弯曲，精神萎靡不振。华佗看见这种状况，立即走过去，摸了摸病人的脉搏，接着轻轻地解开他的衣服，用手按了一下他的肚子，病人疼得怪叫一声。华佗又仔细地观察病人的脸色，然后神色凝重地对病人家属说：“他这是肠痈之症（阑尾炎），必须开刀！”家属和病人都非常信任华佗，立即开始准备。华佗让病人先就着酒喝下麻沸散。不一会儿，病人就失去了知觉，华佗便开始给病人腹部涂药消毒。手术的准备工作完成后，华佗用消过毒的刀子将病人腹部剖开，快速地割掉发炎部分，再用药制的桑皮纸线缝好刀口，敷上特制的消炎药膏。做完手术，华佗微笑着对病人家属说：“已无大碍，过七八天刀口就会长好，一个月后就可行动自如。”

果然，七八天以后，病人伤口愈合，气色有所好转；三十天后，他完全恢复了健康，也可以下地干活了。

[shěn nà]

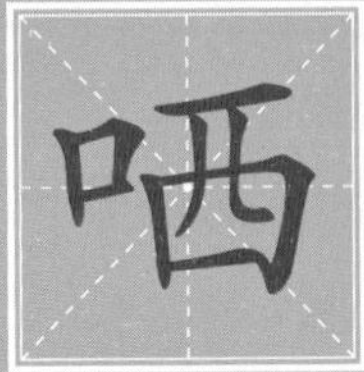

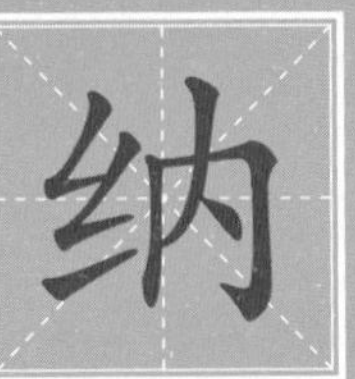

笑纳，是希望别人收下礼物的客气话。

“哂”是口字旁，是“微笑”的意思。在汉语里，笑的种类有很多：狂笑、冷笑、奸笑、讪笑、苦笑、嘲笑……

人们遇到有趣的事情，会笑得直揉肠子，笑得喷饭，笑得岔了气，笑得眼泪流出来……光一个笑就有那么多的模样，真可谓是人间百态啊！

礼券一张，是结婚的贺仪，尚乞哂纳。

钱锺书《围城》

千里送鹅毛

唐朝时，地方官吏常常要向皇帝进贡礼物。云南一个少数民族的首领，也想送件礼物给皇帝，可是金银珠宝皇帝根本就不稀罕，送什么好呢？就在他一筹莫展的时候，一个偶然的机会，他得到了一只天鹅。这可太稀罕了！于是他赶紧派了一个叫缅伯高的人，带上天鹅，前往京城。

缅伯高日夜赶路，一刻也不敢耽搁。这天，他来到了沔（miǎn）阳湖边，想着天鹅很久没下过水了，浑身都脏兮兮的。于是，他抱出天鹅，准备给它洗个澡。谁知，天鹅一下水，扇动翅膀就要飞。缅伯高赶紧伸手去抓，却只抓下了几根羽毛，眼睁睁地看着天鹅从自己跟前飞走了。他伤心得大哭，不知该如何是好，最后只好带着羽毛去见皇上。

又走了好几天，缅伯高终于来到了长安，他将羽毛双手奉上，请皇帝哂纳。皇帝听说事情的来龙去脉后，不但没有处罚缅伯高，反而奖赏给他很多东西，说："这真是'千里送鹅毛，礼轻情意重'啊！"

汉字大玩家

拆字联是一种非常有趣的游戏，比如："两人土上坐，一月日边明。"小读者们也来试试拆字联吧！

上联：鸿是江边鸟

上联：蚕为 ______________

[sù xīng yè mèi]

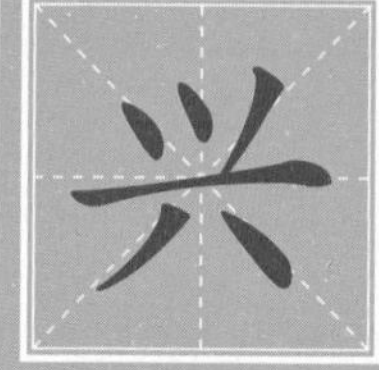

早起晚睡，形容勤劳。

“夙”甲骨文，像不像一个人在月下劳作的样子？所以，“夙”的本义即早起。

“兴”甲骨文，像四角各有一只手，共同抬起一个大盘子，所以“兴”的本义是“起”。

举个例子

夙兴夜寐，靡有朝矣。

《诗经·卫风·氓》

包公巧断偷锅案

包公，名包拯，是一个人人知晓的大清官。他夙兴夜寐，一心为民，替老百姓解决了很多问题，深受人们的爱戴。

一天，包公正在公堂上批阅公文，衙役押着两个打官司的人进来了。其中一个是商贩模样，他向上叩头，指着放在地上的铁锅说：“大人，小人靠卖铁锅养家糊口。昨天夜里，这个小偷潜入我家，偷去五口锅。我发觉后，假装不知，今天果然他又来了，就被小人捉住了。”

包公打量一下被商贩捉住的人，他的手脚都有残疾。那人申辩说：“小人只有一条好腿，一只好手，那锅这么沉，我怎么拿得起来，又怎能偷得走？冤枉！”

包公听了两人的话，想了好一会儿，忽然眉头舒展，计上心来。他指着商贩，大声喝道：“那人手足俱残，怎能偷你铁锅？分明是你诬告！”又对那个被告说：“你受了冤屈，现把这口铁锅赏给你，你拿回去吧。”

被告一听非常高兴，走到铁锅前，用左手抓住锅口，用力一提，脑袋就势一低一伸，大锅就被他顶在头上了。他挺直腰，得意洋洋地向外走去。

这下，小偷露馅了。包公令人绑了他，从严治罪。

[wēi xūn]

微醺

稍有醉意。

你知道吗？

“醺”是酉（yǒu）字旁，“酉”在甲骨文中写成“酉”，样子像带着盖子的酒坛子。以“酉”字为偏旁的汉字也是一个大家族，成员有“醉”“酗”“醒”等。这些字大都跟酒醉相关，“醒”“醺”“醉”“酗”，酒醉的程度依次加深。

花看半开，酒饮微醺。

〔明〕洪应明《菜根谭》

东坡好酒

酒文化在中国文化中占据了非常重要的位置。古代的文人墨客大多善饮酒。宋代大文豪苏东坡好酒，但是他的酒量在历代文人中却是最小的。他不像刘伶、阮籍那样沉浸于酒醉之中不可自拔，也不像李白那般斗酒诗百篇，恣意潇洒。

苏东坡所追求的是一种酒趣。他曾说："吾少时望见酒杯而醉，而今亦能饮三蕉叶矣。""三蕉叶"是一种很小的酒杯。由此可见，苏东坡有着与他人不同的饮酒观，即饮酒不求酒量，酒至微醺才是一种最好的状态。

苏东坡也有仕途不顺、人生不得志的时候，但他从来不用酒醉麻痹自己。在被贬谪的时候，他向各地人民学习酿酒的技术。他在黄州酿"蜜酒"，在惠州酿"桂酒"，在儋（dān）州酿"天门冬酒"。苏东坡还专门撰写《真一酒》等诗文来介绍制酒的方法。

生性豁达的苏东坡还将酿好的酒分给村野父老共饮，欢乐之情溢于言表。苏东坡饮酒是真的以酒怡情，烘托气氛，寄托了对未来生活的美好向往。

[xīng sōng]

形容因刚睡醒而眼睛视力模糊不清；也指从睡梦中醒来并未恢复意识的状态。

“惺”“忪”都是形声字。“惺”，形旁是“忄”，声旁是“星”，表示心中明了，领悟。“忪”，形旁是“忄”，声旁是“公”，表示心跳，惊惧。“惺”“忪”二字都与人的思想精神状态有关，所以都是心字旁。

举个例子

街上行人还不多，所遇见的不过是睡眼惺忪的女人，在井边打水。

鲁迅《故事新编 · 采薇》

汉字故事会

在别人睡眼惺忪时离开

伯夷、叔齐是商朝末年孤竹君的两个儿子。孤竹君想从他俩中选择一个继承人，但他俩尊崇周文王，都不愿继位，并先后逃往周国。

有一天晚上，叔齐听到一群周国人在聊天，从皇帝的头，谈到女人的脚。他把这些人聊天的话告诉了伯夷。伯夷听了之后，两人都沉默了。过了很久，叔齐悄悄地说道："没想到，这些周国人就这样改了周文王的规矩……你瞧，不但不孝，也不仁……这样看来，这里的饭是吃不得了。"

"那么，我们该怎么做呢？"伯夷问。

叔齐想了想，说："周国早已不是周文王时的周国了，我们还是离开周国吧。"

第二天，兄弟俩起得很早，梳洗完毕，就准备上路了。他们心头有些许留恋和不舍，于是便回过头来看了几眼：街道上根本没什么人，只看到几个还没洗漱的女人，打着哈欠，睡眼惺忪地在井边打水。

在别人还在睡觉时离开，体现了二人不愿随波逐流的勇气和决心。后来，兄弟俩一同走到首阳山，靠吃些野果和树叶维持生命。

[yīng sǔn]

鹰和隼，都捕食小动物和其他鸟类，比喻凶猛或勇猛的人。

隼，体形最小的一种鹰，飞行速度快，善于袭击猎物。猎人经常会驯养这种猛禽，用以协助捕获鸟、兔等猎物。古代有“隼旗”，即画有隼鸟的旗帜，是州郡长官的标志。

鹰隼试翼，风尘吸张。奇花初胎，矞（yù）矞皇皇。

梁启超《少年中国说》

草原上的“雄鹰”

1174年的一天，蒙古草原上即将举行一场骑马比赛，奇怪的是这场比赛不是看谁的马跑得快，而是看谁的马最后到达终点。要说比谁的马跑得快，几分钟就能得出结果，可是要比试谁的马最慢，那就非常不容易了，谁也不希望自己的马超过别人，因此从一开始，比赛就陷入了僵局，从早到晚，始终分不出结果来。这可怎么办呢？就在大家绞尽脑汁都想不出一个打破僵局的办法时，一个年仅12岁的男孩出了一个主意：“大家别着急，让骑手骑别人的马就行了。”原来，骑手们换马后都希望自己所骑的别人的那匹马跑得快，从而使自己的马落在最后，这样自己就能取胜。

这个少年就是成吉思汗铁木真，他用这样的策略巧妙地打破了僵局，使比赛顺利进行。

长大后的成吉思汗，凭着机智和勇敢，驰骋在一望无际的草原上，将失散的部落重新聚合到一起，统一了蒙古各部落，最后统一了中国。成吉思汗被后人尊称为草原上的雄鹰。

汉字大玩家

生活中有许多带有动物的成语，试着写一写。

（　）击长空　　（　）视眈眈

（　）急跳墙　　（　）死（　）悲

（　）立（　）群　　（　）年（　）月

[zhǒng wǔ]

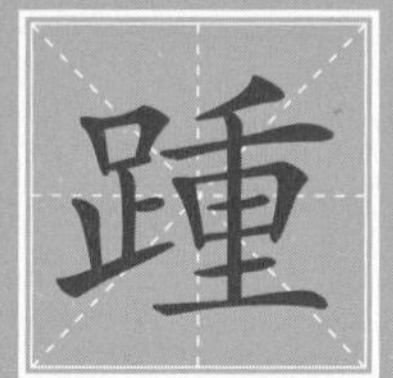

跟着别人的脚步走，比喻效法。

你知道吗？

“武”小篆，上面是“戈”字，“戈”表示武器；下面是“止”字，像人脚的形状，表示行军前进。拿着武器行军前进，就是要去打仗、征伐。

“武”字的演变过程：

举个例子

忽奔走以先后兮，及前王之踵武。

〔战国〕屈原《离骚》

萧规曹随

萧何是汉朝的丞相。汉朝刚刚建立的时候，许多事情需要处理，萧何顺应民意，制定了简洁明了的规章制度，使老百姓休养生息，全力建设家园。萧何死后，曹参担任丞相，一切公务照旧，自己一天到晚请人喝酒聊天。

刚即位的汉惠帝看在眼里，急在心里。有一天，惠帝对曹参的儿子曹窋说："你休假回家时问问你父亲，就说他现在这样，怎么能辅佐皇上治理好国家？不过你别说是我让你去问的。"曹窋领了旨意，回家问曹参，没想到不仅被骂了，还被狠狠地打了一顿。

曹窋回宫向惠帝诉苦。惠帝也不知道曹参为什么生这么大的气，第二天下朝后，就留下他责问。曹参诚恳地对惠帝说："现在陛下是继承守业，而不是在创业，因此，我们就应该遵照先帝遗愿，尽职尽责，对已经制定并行之有效的法令规章，就不要乱加改动了。这样照章办事不是很好吗？"惠帝听了曹参的解释后，说："我明白了，您不必再说了。"

曹参担任丞相期间，人民的生活确实得以改善。这就是历史上踵武先贤的典范，史称"萧规曹随"。

[jiū xíng hú miàn]

鸠形鹄面

形容人因饥饿而消瘦、面容憔悴的样子。

“鸠”常指山斑鸠，山斑鸠是一种像野鸽子一样的鸟。“鸠形”，腹部深深凹进去，胸骨高高凸起，多瘦啊！“鹄”指鸿鹄，也就是天鹅，颈长嘴尖。“鹄面”，像鸿鹄那样颧骨突出，脸上瘦得没有肉。

“鸠形”“鹄面”从人的形态之瘦写到脸面之瘦，真是瘦上加瘦，你可以想见此人是多么缺乏营养了！

忙去唤这些妇女来，可怜个个衣不蔽体，饿得鸠形鹄面。

〔清〕褚人获《隋唐演义》

罗士信散财救人

在《隋唐演义》中有一个罗士信散财救人的故事：

当时，罗士信为了救秦叔宝的家眷，与周郡丞为敌，不料却被周郡丞设计捆绑了起来。罗士信可是武艺高超之人，他轻轻松松就挣脱枷锁，逃了出来。

一连赶了四五十里路，罗士信的肚子饿极了。这时，他来到一个村落，看见有一个老人在卖热酒。罗士信跳下马，叫老人斟一杯酒来。他看看这个村子，问道："你们这个村子，怎么这样荒凉呢？"

老人说道："我们村子里身强力壮的男人都服役去了，只剩下妇女老小在村子里，田园荒芜，怎么能不穷苦荒凉呢？"罗士信听了，让老人把大家都叫出来。

妇女老少们来到罗士信面前，他们一个个都衣不蔽体，饿得鸠形鹄面。见到这样的场景，罗士信赶紧把怀中的银子拿出来，分给了大家。这些妇女老少欣喜得不得了，一个劲儿地拜谢。

大家纷纷把家里仅有的粮食拿出来招待罗士信，酒足饭饱之后，罗士信又上路了。

附录：

“汉字大玩家”参考答案

P47：提心吊胆　耳聪目明　心灵手巧　七手八脚

P49：不由自主　足不出户　美中不足　不紧不慢

P53：蛭子　牡蛎　田螺

P65：被　补　袖　衫　裤

P71：—愁　—性　—志　—忧

P75：乌鹊 惊鹊

P79：议论　催促

P93：人　水　月

P101：沐　浴　盥　淘　濯　浣　涤

P109：天下虫

P117：鹰　虎　狗　兔　狐　鹤　鸡　猴　马

图书在版编目（CIP）数据

汉字风云会 有趣的汉字王国. ③/《汉字风云会》栏目组编著；关正文总策划. —福州：福建教育出版社，2018.1（2019.2 重印）
ISBN 978-7-5334-7947-3

Ⅰ.①汉… Ⅱ.①汉… ②关… Ⅲ.①汉字—通俗读物 Ⅳ.①H12-49

中国版本图书馆 CIP 数据核字（2017）第 295300 号

Hanzi Fengyunhui Youqu de Hanzi Wangguo

汉字风云会 有趣的汉字王国③

《汉字风云会》栏目组 编著

关正文 总策划

出版发行 福建教育出版社
（福州市梦山路 27 号 邮编：350025 网址：www.fep.com.cn
编辑部电话：0591—83779650
发行部电话：0591—83721876 87115073 010—62027445）
出 版 人 江金辉
印　　刷 福州华彩印务有限公司
（福州市福兴投资区后屿路 6 号 邮编：350014）
开　　本 710 毫米×1000 毫米 1/16
印　　张 8.25
字　　数 119 千字
版　　次 2018 年 1 月第 1 版 2019 年 2 月第 3 次印刷
书　　号 ISBN 978-7-5334-7947-3
定　　价 25.00 元

如发现本书印装质量问题，请向本社出版科（电话：0591—83726019）调换。